L'ABBAYE

DE

FLAVIGNY

SES HISTORIENS ET SES HISTOIRES

PAR

Le Dr Fr. GRIGNARD.

AUTUN

IMPRIMERIE DEJUSSIEU PÈRE ET FILS

1885

L'ABBAYE

DE FLAVIGNY

SES HISTORIENS ET SES HISTOIRES

DU MÊME AUTEUR

Sainte Reine à Grignon, Dijon, J. Marchand, 1877; brochure de
40 pages in-12 *(épuisée).*

*La Vie de sainte Reine d'Alise, précédée d'études critiques sur
ses actes et ses historiens, et suivie de nombreuses recherches sur
ses reliques, ses miracles et son culte,* édition enrichie de pièces
justificatives rares ou inédites, et ornée de plusieurs gravures. Paris,
A. Picard; Dijon, H. Grigne, 1881; in-8º de xvi-506 pages.

*Notitia chronologica de exordiis cum veteris abbatiæ Sancti Petri
Flaviniacensis... tum ejus prioratuum,* etc. Brunæ, typis Rudolphi
M. Rohrer, 1881, 21 pages in-8º. (Extrait de la revue allemande inti-
tulée: *Die wissenschaftliche studiens aus dem Benedictiner-Orden.*)

*Note sur une divinité gauloise et un amulette chrétien décou-
verts à Lantilly, près de Semur-en-Auxois (Côte-d'Or).* Autun,
Dejussieu père et fils, 1881, in-8º de 24 pages. (Extrait des *Mémoires
de la Société Éduenne,* nouvelle série, tome X.)

Nomination d'un curé sous l'ancien régime [1736-1737]. Autun,
Dejussieu père et fils, 1884, in-8º de 15 pages. Extrait des *Mémoires
de la Société Éduenne,* nouvelle série, tome XII.

EXTRAIT DES MÉMOIRES DE LA SOCIÉTÉ ÉDUENNE
TOME XIV (NOUVELLE SÉRIE).

L'ABBAYE

DE

FLAVIGNY

SES HISTORIENS ET SES HISTOIRES

PAR

Le D^r Fr. GRIGNARD.

AUTUN

IMPRIMERIE DEJUSSIEU PÈRE ET FILS

1885

Mon Révérend Père,

Au mois de décembre 1882, en me renvoyant mon travail sur l'Abbaye de Flavigny, ses Historiens et ses Histoires, *vous m'exprimiez le désir de voir bientôt entrer dans le domaine public le précieux manuscrit « dont la publication, disiez-vous, sera, j'en » suis sûr, agréable et utile à tous ceux qui étudient sérieusement » l'histoire. »*

Un jugement si flatteur, émané d'une· autorité si compétente, était bien de nature à me dédommager de mes efforts passés et à en provoquer de nouveaux.

Dans le but de donner à cet opuscule toute la perfection désirable, j'utilisai donc les indications que je tenais de votre obligeance; je puisai à des sources nouvelles, et quand la Société Éduenne me proposa d'insérer ce travail dans le volume de ses Mémoires, actuellement sous presse, j'acceptai d'autant plus volontiers l'honneur qui m'était fait, que votre bienveillant témoignage me rassurait sur la valeur d'une tentative à laquelle les récentes recherches de MM. Ulysse Robert et Charles de Lama n'ont, croyonsnous, rien fait perdre de son importance.

Mais avant d'exposer cette modeste plaquette au grand jour de la publicité, j'ai voulu lui chercher un patron : et j'ai pensé à vous, mon Révérend Père. Vous l'avez accueillie à ses débuts, n'est-il pas juste qu'elle s'achève sous vos auspices.

Sans doute, c'est présomption à moi d'abriter ces humbles pages à l'ombre d'un si grand nom. Mais sur notre vieux sol éduen, nous sommes habitués à voir la fougère croître sous le chêne le plus puissant et le plus vigoureux, les grains de sable se cacher dans les anfractuosités du granit le plus dur et le plus résistant, enfin la stèle aux maigres proportions se dresser dans le voisinage de la pyramide de Couhard et du temple de Janus.

Château d'Orain, 24 octobre 1885, en la fête de saint Raphaël, archange.

D^r FR. GRIGNARD.

PAX

Solesmes, 28 octobre 1885.

Monsieur le Docteur,

Je suis heureux que mes encouragements vous aient porté à publier votre savant ouvrage sur l'Abbaye de Flavigny, ses Historiens et ses Histoires.

Ce travail me parut digne d'être imprimé lorsque vous voulûtes bien me le communiquer en manuscrit. Pouvant l'étudier plus facilement encore et sous sa forme définitive, je persiste à penser que vous rendez un vrai service par cette publication.

Les ouvrages qui ont paru depuis quelques années et dans lesquels plusieurs points traités par vous se trouvent déjà touchés ne doivent pas vous décourager; tout au contraire, car vous êtes plus complet qu'aucun de vos prédécesseurs. Si ces auteurs dont le mérite est incontestable se trouvaient en mesure de donner de nouvelles éditions, ils devraient tenir grand compte de votre travail. C'est ainsi que dès la troisième page vous redressez une erreur admise par tous les bibliographes, je crois, et certainement par des bibliographes de la plus grande valeur.

Pour vous, Monsieur l'Abbé, c'est avec une simplicité parfaite que vous apportez vos contributions à l'histoire littéraire; vous ne faites même pas ressortir la portée de ces rectifications.

J'aurais bien d'autres remarques à faire au sujet de votre excellent opuscule; mais ce serait inutile.

Je suis sûr que tous ceux qui le liront jugeront comme moi que vous avez fait une œuvre d'une solide érudition et d'une réelle utilité.

Agréez, Monsieur le Docteur, l'expression de ma reconnaissance et de mon profond respect.

Frè Paul PIOLIN.
M. S. B.

L'ABBAYE BÉNÉDICTINE

DE

FLAVIGNY EN BOURGOGNE

SES HISTORIENS ET SES HISTOIRES

L'abbaye de Flavigny, comprise autrefois dans le diocèse d'Autun, est un des plus anciens établissements religieux de la France et de la Bourgogne, puisqu'elle remonte à la première année du règne de Thierry IV, dit de Chelles.

Nous avons, dans une dissertation spéciale, élucidé ses origines et fixé la date du testament de Widerade, qui la dotait avec l'amour d'un père et la générosité d'un grand seigneur [1]. C'est un point sur lequel nous nous dispenserons de revenir.

Nous ne parlerons pas non plus des chartes de l'abbaye. Nous en avons traité dans un mémoire, favorablement accueilli par la Société Éduenne dans sa séance du 4 mars 1880 [2]; et peut-être pourrons-nous offrir un jour au public un cartulaire patiemment reconstruit à l'aide des titres originaux ou des rares copies, conservés dans les archives de Paris et des départements.

Notre unique but aujourd'hui c'est d'étudier les ouvrages consacrés à l'histoire de l'abbaye, et de signaler certains

---

1. *Notitia chronologica de exordiis cum veteris abbatiæ Sancti-Petri Flaviniacensis*, publiée dans *Die wissenschaftliche Studien aus dem Benedictiner-Orden :* Raigern, bei Brünn. (Oesterreich), 1881.

2. *Mémoires de la Société Éduenne*, nouv. série, t. X, p. 467.

A. F. 1

travaux, dont les uns ont affronté le grand jour de la publicité, tandis que les autres, restés manuscrits, sont à peine connus d'un petit nombre d'initiés.

Salluste traçant un parallèle entre les dernières années de la république romaine et les premières, disait qu'autrefois les honnêtes gens aimaient mieux agir que parler ; ils préféraient accomplir de belles actions, plutôt que de raconter celles d'autrui[1]. Ce passage, ou du moins l'idée qui l'inspire, semble avoir, pendant de longs siècles, servi de règle de conduite aux bénédictins de Flavigny. Établis vers le commencement du huitième, on ne leur connaît pas en effet d'historien avant la fin du onzième.

Alors parut Hugues de Verdun dont la chronique jouit d'une certaine réputation parmi les érudits.

Il faut descendre jusqu'au dix-septième siècle pour lui trouver des imitateurs. Tous ou presque tous appartiennent à la congrégation de Saint-Maur.

Nul n'ignore le rôle de la célèbre congrégation. Elle avait avant tout pour but de faire revivre l'esprit de saint Benoît par une observance plus étroite de la règle. Mais quiconque cherche d'abord le royaume de Dieu et sa justice, jouit nécessairement d'autres avantages[2]. La réforme nouvelle en fit l'heureuse expérience ; et pour nous servir des paroles de Mabillon, « dom Grégoire Tarisse donna la première impulsion aux études, en choisissant des religieux qu'il chargea de recueillir tous les documents qui concernaient l'histoire de notre ordre et celle de nos saints, ou pouvaient offrir quelque intérêt pour le passé de l'Église considéré dans son ensemble. »[3]

Parmi les travaux dont le public fut redevable à cette féconde initiative, il faut signaler les histoires des divers monastères rédigées sur les originaux. « Elles répandent la

1. *Catilina.*
2. Matth. vi, 33.
3. Præfat. in sæcul. vi Benedictin. p. xxxii.

lumière sur le civil et l'ecclésiastique du royaume, elles
enrichissent la géographie du moyen âge ; elles font revivre
quantité de lieux qu'on ne connaissait plus ; la plupart des
familles distinguées y trouvent de quoi conduire le fil de
leurs généalogies ; enfin elles tirent de l'oubli une multi-
tude de faits édifiants. « Le P. Le Long de l'Oratoire ne les
a pas oubliées dans sa *Bibliothèque historique de France.*
M. Fevret de Fontette y en a ajouté un grand nombre, et
n'a pas encore tout donné. » [1]

Voici quelles sont celles qui concernent l'abbaye de Flavigny. Indépendamment du *Livre contenant les choses notables*, survenues dans cette abbaye, depuis l'établissement
de la congrégation, en 1644, on cite une *Histoire anonyme*,
composée cette année-là même ou l'année suivante. Vient
ensuite l'*Histoire* de dom Viole, qui porte la date de 1650 ;
puis la *Chronique* de dom de la Salle, écrite en 1673, et
continuée par dom Pierre des Dames, en 1691.

Il existe un *Abrégé de l'histoire du monastère et de ses abbés*,
rédigé par un inconnu, vers 1692.

Environ soixante ans plus tard, on trouve le *Journal des
choses notables du monastère de Saint-Pierre de Flavigny, à
commencer au mois de janvier* 1753. Dom Amiens, qui en
était l'auteur, le continua jusqu'en 1769. Un anonyme essaya
de le reprendre en 1774 ; mais il s'en lassa bien vite, et
s'arrêta dans les derniers mois de 1775.

Compilateur infatigable, dom Amiens a laissé de plus
sept volumineux *Mémoires*, utiles à consulter pour l'histoire de l'abbaye.

A ces travaux restés manuscrits, il faut ajouter l'*Histoire
de sainte Reine d'Alise et de l'abbaye de Flavigny*, publiée
par Ansart en 1783.

Telles sont les œuvres consacrées à l'une des institutions

---

1. D. Tassin, *Histoire littéraire de la congrégation de Saint-Maur*, préface,
p. VII.

bénédictines les plus anciennes et les plus importantes. Nous allons essayer de les faire mieux connaître, en exposant les données historiques ou bibliographiques qui se rattachent à leur composition et à leur sort.

Après quoi, nous dirons quelques mots sur les œuvres inspirées par certains épisodes de l'histoire de l'abbaye. Le récit de la translation des reliques de sainte Reine d'Alise à Flavigny en 864 ; — les trois hymnes destinées à la solennité du 25 mars 1659 ; — *le Martyre de sainte Reyne*, tragédie dont la première édition date de 1687 ; — et *l'Histoire du culte et pèlerinage aux reliques de sainte Reine d'Alise*, attireront successivement nos regards. Nous signalerons aussi le *Traité de la célébration de la Pâque*, par dom Athanase Dormay, et nous terminerons nos recherches par une notice sur les livres liturgiques de l'abbaye.

De la sorte, le public aura sous les yeux, non seulement la liste des travaux sur l'histoire de l'abbaye de Flavigny, mais encore celle des ouvrages dus au loisir, à la science et au zèle des religieux. Il possèdera, sous un petit volume, une histoire littéraire et comme une bibliothèque du monastère fondé par Widerade et détruit par la Révolution, après plus de dix siècles d'existence.

I

Le premier nom, qui se présente sous notre plume, est celui d'Heldric qui, de moine de Cluny devenu successivement abbé de Saint-Germain d'Auxerre, de Saint-Pierre de Flavigny et de Saint-Jean de Réôme, mourut le 14 décembre 1009. [1]

---

1. *Gall. Christ.*, t. IV, col. 661. A.

Nous n'oserions affirmer qu'il ait écrit quelques ouvrages. Mais il était peintre, ou plutôt enlumineur. Pour le prouver, le *Gallia Christiana* cite les vers qui précèdent *l'Exposition sur Ézechiel,* par Haimon d'Halberstadt, dans un manuscrit de Saint-Germain-des-Prés. « On voit, dit-il, au commencement, différentes images parmi lesquelles celle d'Heldric, abbé et peintre, prosterné aux pieds de saint Germain[1]. » Nul n'ignore les liens étroits qui dans ces âges reculés existaient entre l'art de l'enlumineur et celui du copiste, ou même de l'écrivain. C'est à ce titre que nous avons cru devoir mentionner Heldric en tête de cette bibliothèque.

II

La première histoire connue de l'abbaye de Flavigny est comprise dans la chronique de l'abbé Hugues. Né à Verdun vers la fin du onzième siècle, et mort probablement dans la même ville vers la fin du douzième, Hugues avait mené dans l'intervalle une vie très aventureuse et très agitée, dont il serait facile de reconstituer les grandes lignes et parfois jusqu'aux moindres traits, en recueillant les renseignements autobiographiques et les confidences qu'il nous a laissés. Mais comme ce n'est pas l'homme ni l'écrivain que nous étudions, mais uniquement l'historien de l'abbaye de Flavigny, nous nous contenterons de dire qu'il fut à même d'en connaître parfaitement le passé.

Choisi pour abbé sur la demande d'Aganon, évêque d'Autun, il fit son entrée dans l'abbaye en 1097, le jour de Sainte-Cécile. Il était dans la trente-deuxième année de son âge, et semblait devoir jouir longtemps encore de sa nouvelle dignité, lorsqu'il encourut à la fois la disgrâce de Nortgaudus, successeur d'Aganon, et la défiance de ses

---

1. *Gall. Christ.,* t. XII, col. 377.

propres religieux, qui le soupçonnèrent, à tort ou à raison, de vouloir réaliser l'union de leur abbaye avec celle de Saint-Bénigne de Dijon. Le conflit dura près de deux ans et se termina au désavantage de l'abbé, qui dut quitter son poste dans le cours de 1101.

Hugues a laissé plusieurs écrits, parmi lesquels il faut ranger la *Chronique de Verdun*, « appellée par d'autres *Chronique de Flavigny*, parce qu'elle contient un grand nombre de faits qui concernent ce monastère. Cet ouvrage est estimé des savants. Le P. Labbe, jésuite, qui l'a fait imprimer, dit que c'est *Thesaurus incomparabilis historiæ ecclesiasticæ undecimi præsertim sæculi*[1]. » Pertz, qui l'a rééditée, sans partager complètement l'opinion de l'auteur de la *Nova bibliotheca manuscriptorum*, confesse néanmoins que Hugues a bien mérité de l'histoire, et qu'on peut presque toujours le consulter avec fruit.[2]

Mais nul n'a mieux apprécié l'œuvre de Hugues que dom Bouquet dans son *Recueil des historiens de France*. Après avoir rappelé le jugement de Labbe, il ajoute qu'on trouve en effet dans la *Chronique* « plusieurs événements concernant l'Église gallicane, et plus particulièrement dans les deux Belgiques. Sans cet écrit on ignorerait encore plusieurs conciles dont il nous donne la date et les actes. Ce qui rend encore intéressant l'ouvrage de Hugues, c'est la quantité de pièces originales qu'il a eu soin d'y enchâsser avec des morceaux des anciens auteurs; c'est le grand nombre de traités qui concernent les gens de lettres; ce sont les histoires presque entières du pape Grégoire VII, du légat Hugues, archevêque de Lyon, du B. Richard, abbé de Saint-Vanne, et de Jarenton, abbé de Saint-Bénigne. »

Mais D. Bouquet ne s'en tient point à des généralités. Sa critique analyse pour mieux se prononcer.

---

1. Ansart, *Hist. de sainte Reine et de l'abbaye de Flavigny*, p. 335.
2. Voir l'édition de la *Chronique*, par l'abbé Migne, col. 14.

La *Chronique,* dit-il, comprend deux parties. La première
s'étend depuis la naissance de Jésus-Christ jusqu'à la fin du
dixième siècle. C'est sans contredit la plus imparfaite. Car
« dans ce qui précède l'année 919, le nombre des fautes
égale presque celui des mots et... depuis 919 jusqu'à 966,
Hugue a copié l'ouvrage de Flodoard. Encore l'a-t-il fait
avec peu d'exactitude. — C'est donc la seconde partie qui
fait le prix de l'écrit de Hugue de Flavigny ; c'est celle-là
principalement qui lui a mérité le titre d'historien. Elle
commence à l'année 1002 et elle contient un siècle entier,
jusqu'en 1102. Il se trouve pourtant encore quelques défauts
dans cette partie ; par exemple de trop longs détails, peu
d'ordre, des dates brouillées, quelques anachronismes et
des fautes contre la vérité de l'histoire. » Enfin l'auteur a
beaucoup fait usage de Glaber. [1]

La plus grande partie de sa *Chronique* était déjà composée
quand il prit la direction de l'abbaye de Flavigny. La preuve
en est que tous les passages relatifs à l'histoire de cette
abbaye et antérieurs à la page cent trente-huitième, se lisent
soit en marge, soit sur des feuillets supplémentaires. Les
dernières pages furent, pour ainsi dire, écrites au jour le
jour, et s'arrêtent à 1102.

Le manuscrit resta longtemps la propriété de l'abbaye.
Mais deux ans avant l'introduction de la congrégation
de Saint-Maur, en 1642, « les Jésuites, informés du dépé-
rissement de cette maison, se rendirent à Flavigny, dans
le dessein d'acheter les anciens manuscrits, qu'ils savoient
bien qu'ils trouveroient dans l'abbaye, comme nous l'ap-
prenons d'un religieux qui nous a laissé des mémoires
de ce qui se passa dans ce tems-là. Ces RR. PP. eurent
tous les manuscrits, entr'autres la Chronique de Verdun et
de Flavigny, écrite par l'abbé Hugues, le Nécrologe, et

---

1. D. Bouquet, *Recueil,* t. XI ; préface, n° xxxi.—Cf. t. XIII ; préface, n° xxxvi.

autres Traités curieux dont ils enrichirent la bibliothèque de leur collège de Paris[1]. » Le manuscrit de la *Chronique* fit plus tard partie de la collection Meermann, n° 769. Il passa ensuite dans la riche bibliothèque du baronnet Thomas Philips, à Middlehill[2]. C'est là que Pertz put le consulter tout à son aise en 1844, et c'est probablement là qu'il est encore aujourd'hui.

Le père Philippe Labbe, de la Compagnie de Jésus, le publia pour la première fois en 1657, dans le tome I, p. 65 de sa *Nova bibliotheca manuscriptorum.*

D. Bouquet qui appréciait si bien la *Chronique* l'a insérée en partie dans les tomes XI et XIII de son *Recueil.*

Pertz en a donné une nouvelle et plus complète édition dans les *Monumenta Germaniæ historica*[3]. C'est elle que l'abbé Migne a reproduite dans le t. CLIV de sa Patrologie latine.

La *Chronique* est l'ouvrage le plus important et le plus connu de l'abbé Hugues, mais ce n'est pas le seul. Il faut lui attribuer aussi la *Série des abbés de Flavigny*, un *Nécrologe*, et peut-être le *Cartulaire* de l'abbaye, avec un *Sermon* pour la translation des reliques de sainte Reine.

En effet la *Chronique* primitive, telle qu'elle existait du temps de Labbe, commençait par quelques feuillets que le temps avait en grande partie rongés, et qui contenaient une série des abbés de Flavigny dont certains fragments sont reproduits presque mot pour mot dans la *Chronique*. Cette *Series abbatum Flaviniacensium* a été publiée par Labbe et rééditée depuis par Pertz et par Migne.[4]

A la suite de cette *Série* venait le *Calendrier* ou *Nécrologe*, qui forme actuellement la première partie du manuscrit. Il est de la même main que la *Chronique*, mais la rédaction

---

1. Ansart, p. 425.
2. Migne, *Dictionnaire des mss.*, t. II, col. 231.
3. *Scriptores*, t. VIII, p. 278.
4. Labbe, t. I, p. 791-793. — Pertz et Migne, à la suite de la *Chronique*.

laisse à désirer ; l'auteur n'ayant pas toujours consulté avec assez de soin les documents antérieurs qu'il avait à sa disposition : *Ex anterioribus documentis non accurate congestum.* Pertz et Migne l'ont successivement reproduit en tête de la *Chronique*.

Tels sont les ouvrages ordinairement inscrits au nom de l'abbé Hugues, et sur lesquels nous ne saurions avoir la prétention de dire quelque chose de nouveau. Mais nous avons ajouté qu'il fallait probablement lui attribuer aussi l'ancien *Cartulaire* et un *Sermon*. Comme cette assertion nous est personnelle, nous allons essayer d'en administrer les preuves.

Au nombre des manuscrits de l'antique abbaye, Courtépée signalait en 1780 « le *Cartulaire* qui a, disait-il, plus de 700 ans[1]. » Il serait, comme on voit, contemporain de l'abbé Hugues. Mabillon, dont l'autorité est bien autrement imposante que celle de l'auteur de la *Description du duché de Bourgogne,* l'a dit en propres termes : « C'est à l'époque de l'abbé Hugues qu'il faut faire remonter un manuscrit contenant les anciens titres du lieu, parmi lesquels nous avons fait un choix qui ne manque pas d'intérêt. »[2]

Non seulement le *Cartulaire* est contemporain de l'abbé Hugues, mais il s'arrête là où s'arrête la *Chronique* elle-même. Ansart le faisait déjà remarquer de son temps : « Ici, disait-il, se perdent les traces des anciens abbés de Flavigny, que nous avons suivies jusqu'à présent, tant dans l'ancien *Cartulaire* de ladite abbaye, que dans la *Chronique* de l'abbé Hugues[3]. » Ces deux documents sont donc à la fois synchroniques et parallèles.

Or Hugues n'était point un historien vulgaire. Pertz rend hommage au zèle avec lequel il recueillait ses matériaux et

1. *Description*, t. V, p. 381.
2. *Itinerarium Burgundicum,* compris dans le t. II des œuvres posthumes de Mabillon : « Cujus tempore scriptus est chartaceus codex, vetera ejus loci instrumenta complectens, e quibus nonnulla eruimus, scitu haud indigna. »
3. *Hist. de sainte Reine,* etc., p. 337.

à la conscience avec laquelle il les mettait en œuvre. « Dans
le livre qui nous en reste, dit-il, nous louons à juste titre et
avant tout le soin remarquable et constant avec lequel il
amassa de toute part une abondante moisson de documents
pour son travail, et le zèle infatigable qu'il mit à le compléter et à le corriger [1]. » Comme abbé de Flavigny, il dis-
posait des chartes du monastère, et il est certain qu'il en a
fait usage. En effet, lorsqu'on examine de près le manuscrit
original de la *Chronique,* et qu'on le compare avec les débris
du *Cartulaire* encore subsistants, on constate qu'ils ont donné
naissance à une foule d'additions insérées en marge, ou
même intercalées dans le texte au moyen de feuillets supplémentaires. Il ne serait pas impossible que l'auteur n'eût
commencé par transcrire, au fur et à mesure qu'elles se
présentaient, et sans se soucier de l'ordre chronologique,
les chartes au moyen desquelles il aurait ensuite complété
sa *Chronique.* Cette hypothèse deviendrait probablement une
réalité si on pouvait retrouver le manuscrit original du *Cartulaire,* et le confronter avec le texte de la *Chronique.* Mais
le *Cartulaire* a disparu vers la fin du siècle dernier, sans
laisser la moindre trace.

Il en existe heureusement deux copies. La plus ancienne
fait partie de la Bibliothèque nationale, où elle est classée
parmi les manuscrits latins, sous le n° 17,720. C'est un
volume de 109 pages, intitulé : *Chartularium abbatiæ Flaviniacensis, ordinis S^{ti} Benedicti, e veteri codice descriptum a
Johanne Bouhier senatore Divionensi. Codex ms. bibliothecæ
Buherianæ, D, 38,* MDCCXXI.

La seconde est la propriété de la ville de Châtillon-sur-Seine
(Côte-d'Or). Quelques mots tracés par D. Jacques Amiens sur
les feuillets de garde du volume dont elle fait partie en indi-
quent suffisamment la provenance. « Ce présent manuscript

---

1. Édit. Migne, col. 13. « In libro superstite, ante omnia insignem indefessam-
que curam, qua subsidia operi amplissima undique conquisivit, et addendi corri-
gendique perenne studium jure laudamus. »

m'a été remis en 1767 par le R. P. dom Luc, bibliothéquaire de l'abbaye de Saint-Bénigne de Dijon, et contient plusieurs pièces intéressantes pour l'histoire de l'abbaye, de l'église de Saint-Genest et de la ville de Flavigny, lesquelles pièces furent fournies et prêtées cy-devant par les prieurs et religieux dudit Flavigny au R. P. dom Planchet, pour luy servir dans son entreprise de l'*Histoire de Bourgogne*, etc. »

Mais c'est trop insister sur un point dont nous avons déjà traité dans un mémoire spécial.

Ajoutons, en terminant, que l'ancien *Cartulaire* était précédé d'une homélie latine relative à la translation des restes de sainte Reine dans une *châsse d'argent*[1]. Dom Viole et d'autres historiens regrettent de ne pas connaître le nom de son auteur, et nous n'avons pu que nous faire leur écho dans la *Vie de sainte Reine d'Alise*[2]. Mais il nous a semblé depuis que si le *Cartulaire* était l'œuvre de l'abbé Hugues, il fallait en dire autant de l'*Homélie* qui le précède et qui renferme dès lors un éloquent commentaire de cette simple phrase jetée dans la *Chronique : In redemptione fanoni deaurati et capsæ argenteæ 60 solidos dedi, et in cappa 7.*[3]

Cette pièce se trouve manuscrite dans le *Cartulaire* de Châtillon-sur-Seine, et dans le volume de dom Amiens conservé à la bibliothèque de la ville de Semur-en-Auxois, intitulé : *Abbaye de Flavigny*[4]. On peut la voir imprimée dans la deuxième édition de l'*Apologie* de dom Viole[5], dans les *Acta Sanctorum*[6], et dans l'*Histoire de sainte Reine*, par Ansart.[7]

---

1. Ipsius ossa veneranda de ligneo vase in *argentea* reposita sunt *theca*.

2. Paris, A. Picard, 1881, p. 265.

3. *Chronicon*, col. 357. A.

4. Ms. n° 74, troisième partie, p. 76.

5. Preuves, p. 118, lect. 8.

6. *Acta SS.* t. III, septemb. de sancta Regina, comment. prævius, n. 40-41.

7. *Hist. de sainte Reine*, p. 28 note 1.

III

Aussitôt arrivés à Flavigny, les religieux bénédictins de la congrégation de Saint-Maur se mirent à l'œuvre et étudièrent les origines de l'abbaye dont ils venaient de prendre possession. Ce faisant, non seulement ils se conformaient aux instructions de dom Tarisse, leur supérieur général, mais ils obéissaient à cet instinct du cœur humain, qui cherche à connaitre les lieux où doit s'écouler son existence. Il est juste de remarquer que les nouveaux venus s'appliquèrent à conserver le souvenir du présent avec une sollicitude au moins aussi grande que celle qu'ils apportèrent à étudier le passé.

Le premier fruit de cette pensée fut un manuscrit conservé aux archives départementales de la Côte-d'Or, manuscrit qui n'est pas un cartulaire et qui n'est pas non plus une histoire de l'abbaye de Flavigny. C'est une œuvre intermédiaire, qui renferme à la fois des renseignements historiques et des actes d'une certaine valeur. Classée sous le n° 139, elle est intitulée : *Livre contenant les choses notables, depuis nostre establissement dans ce mon*re, *qui fut l'an* 1644.

Ce petit volume in-folio, commencé par dom Antoine Lucet, prieur de 1654 à 1660, fut continué depuis par ses successeurs, entre autres par D. Athanase Dormay, prieur de 1665 à 1668 ; D. Nicolas de la Salle, 1669-1675 ; D. Étienne Simonneau, 1675-1678 ; D. Hugues Amiot, 1684-1690 ; D. Jacques Marcault, 1693-1699 ; D. Zacharie Bouquin, 1699 ; D. Martin Cloîtrier, 1714-1720 ; D. Gérard Maillard, 1734-1735 ; D. Nicolas Perche, 1735-1736, et D. Jean Gomeau, 1737-1743. Les documents qu'il contient partent, avons-nous dit, de l'établissement de la congrégation de Saint-Maur dans l'abbaye, et se terminent par quatre feuillets de D. Jacques Amiens, qui ajoute : « Voyes les mémoires que j'ay fait depuis ce tems-là, de ce qui s'est passé tant dans le monastère que dans la ville; on pourroit les joindre icy. » La note finale relative à l'année 1786 émane d'une autre main.

IV

Un ouvrage contemporain du *Livre contenant les choses notables*, c'est une histoire manuscrite des abbés, « composée probablement par un religieux de ce monastère, environ l'an 1644 ou 1645. » Ainsi s'exprime une note manuscrite insérée, p. 369, dans la copie de l'*Histoire de l'abbaye de Flavigny*, de dom Viole, conservée à la bibliothèque de la ville de Semur-en-Auxois.

Cette mention sommaire laisse beaucoup à désirer sous le rapport de la précision. Elle nous apprend pourtant qu'il existait, avant l'*Histoire* de D. Viole, une *Histoire manuscrite des abbés de Flavigny;* que cette *Histoire manuscrite* était probablement l'œuvre d'un religieux du monastère, et qu'elle remontait à 1644 ou 1645. En partant de ces données, il n'est pas impossible de retrouver le texte, et qui plus est, l'original de cette *Histoire*.

Il existe, en effet, dans la bibliothèque de la ville de Châtillon-sur-Seine, indépendamment du manuscrit auquel nous avons fait allusion en parlant de l'abbé Hugues, un autre manuscrit moins volumineux, dans lequel on trouve 82 pages in-4° intitulées : *De la fondation de l'abeïe de Flavigny* [1]. L'auteur débute en ces termes : « Il est à propos d'abord de se précautionner contre l'erreur de Ferrarius qui, surpris par la ressemblance de deux mots latins : *Flaviacum* et *Flaviniacum*, s'est engagé trop facilement à confondre deux monastères très séparés. Tous deux sont d'un même ordre et d'une même congrégation, mais tous deux dans chacun

---

1. De la page 242 à la page 324 du ms.

un climat bien différent. L'un en notre langue est Flaix, et depuis longtemps reconnu sous le nom de Saint-Germer, dans le diocèse de Beauvais, près de la ville de Gournay, qui fait la séparation de la Normandie et de la Picardie. L'autre en Bourgogne, au diocèse d'Autun, dans la ville de Flavigny. » Après s'être étendu sur l'époque et les circonstances de la fondation de cette dernière, après avoir dit un mot des privilèges à elle accordés par les papes, l'auteur traite successivement des douze premiers abbés, et « des abbez ecclésiastiques et laïques, insérés parmy les abbez reguliers du monastère de Flavigny, depuis l'an 850, jusques à l'an 77, » date de l'annexion du monastère à l'évêché d'Autun. Il termine le tout par quelques lignes consacrées à Helmuin, qui fut selon lui, le trente-huitième abbé.

Je ne sais si je me trompe, mais il me semble que le manuscrit, dont on vient de voir une courte analyse, n'est pas autre chose que l'*Histoire* des abbés signalée dans la note reproduite plus haut. Le sujet est le même de part et d'autre ; les deux ouvrages pourraient bien être identiques.

Autre remarque, et qui n'est pas à dédaigner. Quand on compare le commencement de la *Fondation de l'abeïe* avec le commencement de l'*Histoire* donnée par Ansart, on reconnaît les mêmes observations exprimées, il est vrai, dans un style différent : les deux auteurs signalent avant tout la ressemblance trompeuse qui existe entre *Flaviacum* et *Flaviniacum*.

Dom Amiens ne débute pas autrement : « *Fondation de l'abbaye de Flavigny*. La ressemblance de ces deux mots latins : *Flaviacum* et *Flaviniacum*, a donné sujet à Ferrarius de confondre deux célèbres monastères de l'ordre de Saint-Benoît, tous les deux à présent de la congrégation de Saint-Maur. »

Le chapitre troisième de D. Viole commence de la même façon : « La ressemblance de ces deux mots latins : *Flaviacum* et *Flaviniacum* a donné lieu à Ferrarius de confondre et ne faire qu'un des deux monastères de l'ordre de Saint-Benoît, tous deux à présent de la congrégation de Saint-Maur, le premier appelé anciennement en notre langue Flaix, et reconnu depuis un long temps par le titre de Saint-Germer, dans le diocèse de Beauvais, auprès de la ville de Gournai, laquelle fait la séparation de la Normandie et la Picardie ; l'autre est situé en Bourgogne, au diocèse d'Autun, dans la ville de Flavigny, dont nous avons fait en dessus la description. »

Puisque toutes ces histoires manuscrites ou imprimées s'ouvrent par des considérations analogues, il est permis de croire que chaque auteur a fait son profit de l'œuvre de ses devanciers. Ansart et dom Amiens auront connu le manuscrit de D. Viole, et D. Viole à son tour aura tiré parti de *la Fondation de l'abeïe*. Cette nouvelle hypothèse viendrait à l'appui de celle que nous avons émise tout à l'heure, et qui consiste à identifier la *Fondation* avec l'*Histoire des abbés*, « composée probablement par un religieux de ce monastère, environ l'an 1644 ou 1645. » Car non seulement ces deux ouvrages rouleraient sur le même sujet : mais ils remonteraient encore à la même époque.

Quoi qu'il en soit, deux points restent acquis à l'histoire littéraire de l'abbaye de Flavigny.

Le premier, c'est qu'il existait autrefois une histoire des abbés composée probablement par un religieux, en 1644 ou 1645 ;

Et le second, c'est qu'il existe encore actuellement dans la bibliothèque de la ville de Châtillon-sur-Seine, un volume manuscrit contenant un récit de la *Fondation de l'abeïe* distinct de ceux dont nous allons maintenant parler.

V

Dom Daniel-George Viole, que Courtépée regarde comme l'auteur le plus laborieux et le plus fécond de l'abbaye de Saint-Germain d'Auxerre [1], et dont les travaux ont fait honneur à la congrégation de Saint-Maur elle-même, a consacré deux de ses ouvrages à l'abbaye de Flavigny. L'un est imprimé et l'autre manuscrit.

L'ouvrage imprimé a pour titre : « *la Vie de sainte Reine, vierge et martyre*, avec une apologie pour prouver que l'abbaye de Flavigny, ordre de Saint-Benoît, au diocèse d'Autun, est en possession du sacré corps de cette sainte. A Paris, chez Claude Huot, rue Saint-Jacques, proche les Jacobins, au pied de biche. M. DC. XLIX, avec approbation des docteurs. »

Nous avons dit ailleurs à quelle occasion cet ouvrage fut composé. Le P. François Marmesse, religieux de l'observance et confesseur du duc de Longueville, avait rapporté d'Osnabrück, où il avait accompagné son noble pénitent, à l'occasion de la paix de Westphalie, une relique de sainte Reine dont il avait plus tard confié la garde à ses confrères d'Alise. Les bénédictins de Flavigny, se regardant comme seuls détenteurs du corps de la sainte, s'inquiétèrent d'un événement qui était de nature à faire soupçonner leur bonne foi et celle de leurs devanciers. Après avoir essayé différents moyens de conciliation, ils en référèrent « à M. l'illust. évesque d'Autun, le 5e jour de juin de l'an 1648, au monastère de Saint-Jean de la ditte ville. » Le prélat permit à D. Viole de dresser une apologie, et l'année suivante paraissait l'ouvrage dont nous avons donné le titre. [2]

---

1. T. VI, p. 678.
2. F. Grignard, *la Vie de sainte Reine d'Alise*, p. 290, etc.

La Bibliothèque nationale en possède un exemplaire in-8°
dédié à la reine Anne d'Autriche. Les Bollandistes en con-
servent un autre dédié à Mgr Claude de la Magdelaine de
Ragny, évêque d'Autun. Mais quoique les dédicaces diffèrent,
le texte et la pagination sont identiques. Ils constituent la première édition, qui comprend 85 pages, sans compter la dédi-
cace, l'approbation, l'antienne et oraison de sainte Reine,
« en usage dans la confrairie de sainte Reine, fondée en
l'église parrochiale Saint-Eustache, à Paris, » et une seconde
oraison préliminaire, suivie de la belle gravure de K. Audran.

La *Vie* renferme dix-neuf chapitres, accompagnés
d'une « *Apologie* pour la véritable possession du corps
de sainte Reine, dans l'abbaye de Flavigny en Bourgogne, contre une translation du mesme corps que quelques-
uns prétendent avoir été faite en Allemagne, dans l'église
cathédrale d'Osnabrug en Saxe, sous l'empire de Charlemagne. » Cette apologie est elle-même suivie des : « Preuves
véritables et authentiques qui justifient que le corps de
sainte Reine repose à Flavigny depuis l'an huit cent soixante-
quatre (qu'il y fut emporté d'Alize sous l'empire de Charles
le Chauve), jusques à la présente année mil six cent qua-
rante-neuf. » Le volume se termine par la « copie de l'acte
de visite faite des sacrées reliques de sainte Reine, » le
27 juillet 1649.

Cet ouvrage a eu du succès, malgré les imperfections, et
D. Viole dut publier quelques années plus tard « *la Vie de
sainte Reine, vierge et martyre*, deuxième édition, revue et
augmentée par dom Georges Viole, religieux de la congrégation de Saint-Maur. A Paris, chez Jean Piot, rue Saint-
Jacques, à la Salemandre d'argent MDCLIII. » Il en existe un
exemplaire dans la bibliothèque publique de Beaune.

Dédiée « à Monseigneur l'Illustrissime et Révérendissime
Messire Louys d'Attichy, évesque d'Autun, » cette nouvelle
édition commence par un « advis aux lecteurs, » et contient
vingt et un chapitres, suivis du petit office, des litanies de

la sainte et de quelques remarques sur ses fêtes et les indulgences attachées à la visite de sa chapelle ; le tout formant
un volume in-12 de 85 pages.

D. Filipe le Cerf de la Viéville, dans sa *Bibliothèque historique et critique des auteurs de la congrégation de Saint-Maur*,
nous apprend « qu'il y a eu trois éditions de ce livre. La
dernière (par conséquent la troisième), a été publiée à Autun,
en 1654, chez Blaise Simonnot. C'est un in-8° d'environ
150 pages ; le livre est dédié à M. Louis d'Attichi, évêque
d'Autun. » D. Tassin le signale également dans son *Histoire
littéraire*.

Ces trois éditions ne sont pourtant pas les seules qui parurent
du vivant de l'auteur. La Bibliothèque nationale possède LK[7],
2787, A, « *la Vie de sainte Reyne*, vierge et martyre avec
son petit office et un catalogue des principalles reliques de
l'abbaye de Sainct Pierre de Flavigny....., septiesme édition
reveüe et augmentée. Aux armes de Mgr de Roquette, qui
sont de *gueules, à un roc d'argent, issant de la pointe de
l'écu, au chef du second, chargé de trois étoiles de gueules.*
A Autun, par Blaise Simonnot, 1669. » L'épitre dédicatoire
adressée au même prélat est signée Fr. Georges Viole.
L'édition comprend huit folios non numérotés et 96 pages.

Après la mort de l'auteur, son œuvre tomba dans le
domaine public, et sous prétexte de la mettre plus à la portée
du commun des lecteurs, on lui fit subir des modifications
regrettables.

L'un des coupables fut Bernard Lamothe-Tort, qui publia
« *la Vie de sainte Reine, vierge et martyre,* contenant l'origine de sa naissance, sa vie, son martyre et sa mort, l'élévation et translation de ses saintes reliques, honorées depuis
plusieurs siècles dans l'abbaye de Saint-Pierre de Flavigny,
avec une infinité de miracles. Ensemble son petit office et
litanies, nouvellement traduites en françois pour la plus
grande facilité des personnes qui ont recours à cette sainte,
et un catalogue des principales reliques qui sont vénérées

dans ladite abbaye, où reposent celles du véritable corps de la susdite sainte. Par dom Georges Viole, religieux bénédictin de la congrégation de Saint-Maur. Aux armes de Mgr de Roquette. A Autun, chez Bernard Lamothe-Tort, seul imprimeur juré de la ville, etc. » Sans date. L'approbation, signée Dufeu, est du 16 mars 1676. C'est un volume de 80 pages, orné d'une gravure. Il en existe un exemplaire à la bibliothèque publique de Dijon, 16,604.

L'auteur du *Glossaire du Morvan*, M. E. de Chambure, a bien voulu se dessaisir en ma faveur d'un exemplaire d'une autre édition sortie des presses du même imprimeur : « *la Vie de sainte Reine, vierge et martire*, recueillie cy-devant par dom Georges Viole, religieux bénédictin de la congrégation de Saint-Maur, nouvellement mise en meilleur langage et augmentée d'une infinité de nouveaux miracles, avec son petit office, un catalogue des principales reliques qui sont vénérées dans l'abbaye de Saint-Pierre de Flavigny, où reposent celles du véritable corps de la susdite sainte. Aux armes de Mgr de Roquette. A Autun, par Bernard Lamothe-Tort, imprimeur de Monseigneur l'évêque d'Autun. » L'approbation est la même que celle de l'exemplaire précédent; mais la pagination diffère. Au lieu de 80 pages, nous avons 87 pages numérotées, sans compter les 8 pages préliminaires qui renferment le titre, l'avis de l'imprimeur au lecteur, l'avis sur la réponse à la seconde approbation de la prétendue relique de sainte Reine, qui est au couvent des PP. cordeliers d'Alize, l'approbation et une gravure.

La différence des titres et de la pagination suppose par conséquent deux éditions de l'œuvre de D. Viole, dues toutes les deux à Bernard Lamothe-Tort.

La Bibliothèque nationale renferme encore LK[8], 2787, B « *la Vie de sainte Reine, vierge et martyre*, avec son petit office, les litanies, oraisons, hymnes, et un catalogue de ses véritables reliques, et de plusieurs autres qui sont dans le trésor de l'abbaye de Saint-Pierre de Flavigny, de l'ordre de Saint-Benoît de la congrégation de Saint-Maur : aussi le procès-verbal de la solennelle translation du corps de sainte Reine dans une châsse d'argent, en faveur des pèlerins, qui viennent visiter son sanctuaire, par dom Georges Viole....., nouvelle édition, revûe, corrigée et augmentée de la bulle des indulgences accordées par N. S. P. le pape Innocent XII, à la confrairie de Sainte-Reyne, établie dès l'an 1554, en l'abbaye de Saint-Pierre de Flavigny. A Dijon, chez Joseph Sirot, imprimeur-libraire, place du Palais, 1724, in-8° de 88 pages[1]. » Cette édition est facile à reconnaître aux deux hymnes qui la terminent, et dont la première commence ainsi :

> Source féconde de lumière,
> Soleil qui nous donne le jour,
> Arrête un peu tes yeux sur cet objet d'amour !

La seconde débute d'une manière non moins pompeuse par ces deux vers :

> Thrônes du grand Dieu des armées,
> Beaux chefs-d'œuvre de l'univers...

Une note sur les *Festes* de la sainte et l'approbation des docteurs Homère et Grandin complètent le volume.

Nous voilà bien loin des cinq éditions connues de dom Tassin. Espérons qu'il est plus exact lorsqu'il ajoute « qu'il y a eu aussi cinq éditions de l'*Apologie*. »

Nous avons parlé de la première qui faisait corps avec la *Vie*.

La seconde est intitulée : « *Apologie* pour la veritable présence du corps de saincte Reine d'Alize, dans l'abbaye de Flavigny en Bourgogne, contre une prétendue translation du mesme corps que quelques-uns prétendêt avoir esté faite en Allemagne, dans l'église cathédrale d'Osnabrug, sous

---

1. Reçu imprimeur en 1723, J. Sirot ne put monter un atelier qu'en 1732. Par conséquent, *la Vie de sainte Reine* fut en réalité imprimée par quelqu'un de ses confrères. (Cf. Clément-Janin, *les Imprimeurs et Libraires dans la Côte-d'Or*, p. 52.)

l'empire de Charlemagne ; seconde édition, augmentée de quelques réflexions particulières, en forme de responce, à un livret intitulé : *Esclaircissement sur la veritable relique de saincte Reine d'Alize,* etc., avec les preuves tirées de la fondation et autres chartes et anciens mss. de Flavigny. A Paris, chez Jean Piot, rue Saint-Jacques, à la Salemandre d'argent MDCLIII. » Les exemplaires de cette seconde édition ne sont pas tous identiques, et quelques-uns contiennent, à la suite du catalogue des abbés de Flavigny, un titre par lequel Charles le Chauve rend à l'Église d'Autun la seigneurie de Tillenay ; un autre titre par lequel le pape Jean VIII et les pères du concile de Ravenne confirment cette restitution ; la première attestation des médecin et chirurgien, du 27 juillet 1649 ; enfin deux épigrammes contre les prétentions des cordeliers au sujet du bras de sainte Reine. Pour se convaincre de cette différence, il n'y a qu'à comparer, par exemple, les exemplaires contenus l'un dans la bibliothèque publique de Semur-en-Auxois et l'autre dans celle des Bollandistes. C'est probablement cette édition dont Courtépée veut parler, lorsqu'il prétend que dom Georges Viole a donné l'*Histoire de la translation des reliques de sainte Reine,* par l'abbé Egil, in-12, 1653 [1]. Car cette édition contient les leçons de l'ancien bréviaire bénédictin de Flavigny, dans lesquelles le souvenir de l'événement se trouve consigné ; et parmi les auteurs qui se sont occupés de D. Viole, nul ne lui a jamais attribué l'*Histoire de la translation* dont parle Courtépée.

M. le vicomte de Vesvrotte nous a communiqué une « *Apologie* pour la véritable possession du corps de sainte Reine dans l'abbaye de Flavigny en Bourgogne, contre une translation du même corps, que quelques-uns prétendent avoir été faite en Allemagne, dans l'église cathédrale d'Osnabrug, en Saxe, sous l'empire de Charlemagne, par dom Georges Viole,

----

1. Courtépée, t. V, p. 463.

religieux bénédictin de la congrégation de Saint-Maur. A Châtillon, par Claude Bourut, imprimeur de la ville et du collège, 1691, avec permission. » In-8⁰ de 62 pages.

Des cinq éditions signalées par D. Tassin, ce sont les trois seules que nous ayons pu retrouver.

Du temps du même historien, on conservait à Flavigny et dans la bibliothèque de M. de la Mare, conseiller au parlement de Dijon, *l'Histoire de l'abbaye de Flavigny,* par dom Georges Viole, bénédictin de la congrégation de Saint-Maur. Nous savons par quelques lignes insérées vers la fin de la seconde édition de son *Apologie,* que D. Viole travaillait à cette histoire en 1653[1]. L'exemplaire de M. de la Mare a disparu, mais la bibliothèque de la ville de Semur-en-Auxois possède un manuscrit classé sous le n° 73 et intitulé : *Histoire de l'abbaye de Flavigny,* par dom Georges Viole, religieux bénédictin, 1650. Ce manuscrit porte avec lui un témoignage indiscutable de son origine. Car une note adhérente au titre nous apprend qu'il provient « d'une copie faite sur le manuscrit qui est dans l'abbaye dudit Flavigny, » copie communiquée à M. Edme Logeat, curé du lieu, par M. Louis-Antoine Vacher, curé de Vitteaux et archiprêtre de Flavigny, en 1770.

Cette *Histoire* comprend 286 pages in-4°, divisées en dix-sept chapitres, dont le premier, intitulé : *De la ville de Flavigny,* commence par ces mots : « Ceux qui ont beaucoup voyagé tant sur la mer que sur la terre[2]... » Le chapitre dix-septième et dernier traite « des droits et privilèges tant des évêques d'Autun que des ducs de Bourgogne, sur ce monastère et la ville de Flavigny, » et se termine par ces paroles : « Mais je ne trouve nulle part quelle fut l'issue de cette affaire. »

On trouve page 369 du même manuscrit la mention suivante : « Ici finissent les mémoires du R. P. dom Georges

---

1. P. 136.

2. Les chapitres I et II offrent une grande conformité avec les pages 325 et 329 du ms. in-4° de Châtillon-sur-Seine.

Viole, qui les a écrits environ l'an 1650, car il y cite la première *Apologie des véritables reliques de sainte Reine*, qu'il fit imprimer en 1649 contre la prétendue relique de sainte Reine d'Alise, apportée d'Osnabrukc en 1648, pour lesquels mémoires composer il s'est servi d'une histoire manuscrite des abbés de ce monastère, composée probablement par un religieux de ce monastère environ l'an 1644 ou 1645. »

VI

Oublié par D. Tassin, dans son *Histoire littéraire de la congrégation de Saint-Maur*, laissé de côté par l'abbé Papillon et les auteurs de la *Galerie bourguignonne*, D. Nicolas de la Salle mérite qu'on lui consacre une mention spéciale. Si elle excède quelque peu les bornes du cadre que nous nous sommes tracé, elle aura du moins le mérite de fournir des renseignements inédits ou plus complets.

« Il était natif de Rheims, fils d'un riche marchand. Dès sa jeunesse, il se porta à la piété et à l'étude, et se fit religieux à l'âge de 21 ans. Étant novice, il eut une forte tentation de sortir pour aller étudier en médecine ; ayant découvert sa tentation à son père maître, qui estoit Ensuideau Marsolle, homme fort prudent et qui a esté depuis général de la congrégation, ce bon père luy dit qu'il estoit dans un ordre où il y avoit des sçavans en toutes sortes de sciences ; que s'il avoit une si grande inclination pour la médecine, on luy pourrait donner des livres, avec lesquels il auroit de quoy satisfaire à sa curiosité ; que néanmoins il croioit que c'étoit une tentation qu'il devoit combattre et l'exorta d'y travailler. Enfin ce novice alla encore trouver son père maître et luy dit qu'absolument il voullait sortir pour aller étudier en médecine. Alors le père Marsolle voiant la violance de la tentation, cognoissant le bon naturel de son novice, usa d'une grande prudence en luy donnant quelques livres de médecine, où il y avoit beaucoup de termes grecs et luy dit ensuite : mon frère, voilà de quoy satisfaire votre envie ; quand vous saurez ce qui est dans ces livres, on vous en donnera d'autres ; néanmoins faites réflexion que la médecine ne s'accorde point avec le sacerdoce. Voyez lequel vous estimé le plus, et faites un bon emploi du temps et des moiens que Dieu vous donne pour faire un choix de l'état où vous puissiez travailler à votre salut, etc. Dans peu de jours frère Nicolas fut dégoûté de la médecine, et devint amoureux de son état de religieux. »

Le manuscrit, auquel nous empruntons ces détails, ajoute que « c'étoit un bon supérieur, bon religieux, fort attaché à son état et profession, homme sans passion, fort humble, patient, laborieux. Il estoit d'un naturel un peu timide, froid, ménager. »

Nommé prieur de l'abbaye de Saint-Seine, il en étudia l'histoire, et consigna le résultat de ses recherches dans un ouvrage incomplet, dont parle Courtépée. En effet, nous trouvons dans la description qu'il fait du bourg de Saint-Seine les lignes suivantes : « Bonne bibliothèque, où j'ai vu un manuscrit en 20 pages, petit in-fol. intitulé : *Synopsis chronologica Ab. S. Sequani,* fait par D. Nic. de la Salle, prieur en 1687, et fini par D. Math. Gilbert. »[1]

Il y a dans ce passage une erreur de date, qu'il est bon de rectifier. Ce n'est pas en 1687 que D. de la Salle fut prieur à Saint-Seine, et qu'il entreprit la *Synopsis,* c'est plutôt en 1667. Nous sommes en mesure de le prouver par deux raisons : la première, c'est qu'en arrivant à Flavigny, D. de la Salle apportait « les leçons propres de saint Seine, qu'il avoit apportées du monastère de ce nom, où il avoit esté prieur ». Et la seconde, c'est qu'il ne quitta Flavigny que pour se rendre à Molesme, et plus tard à Saint-Denys, où il mourut.

---

1. Tome VI, p. 476.

Nommé prieur de Flavigny en 1669, « il eut assez de prudence de s'entretenir avec deux personnes de la ville, qui n'ont jamais pu s'accorder ensemble, et dont la discorde a été souvent préjudiciable au monastère... Il ne se mesloit point des affaires des séculiers, il n'étoit point envieux de savoir ce qui se passoit dans la ville, qu'autant qu'il estoit nécessaire pour l'utilité de son monastère. » Cependant la timidité de son naturel l'empêcha quelquefois de défendre avec assez de vigueur les intérêts temporels dont le soin lui était confié : c'est ainsi par exemple qu'il laissa ruiner le bois de l'abbaye, plutôt que d'entrer en lutte avec une personne qui prétendait avoir droit d'y prendre son chauffage.

Au point de vue littéraire sa conduite donnait également prise à la critique. En effet, le bon père, qui n'avait pas trouvé beaucoup d'argent dans la caisse de la communauté quand il vint de Saint-Seine, « trouva moyen de vendre tous les gros livres de chœur manuscrits dont on se servoit auparavant que l'on eût introduit les livres imprimés, et toutes les légendes escrites en parchemins et velin, dont il chargea un asne qu'il fit conduire à Dijon, et qu'il vendit au sieur Paillot et autres libraires et relieurs, réservant seulement un cahier dans lequel est escrit la vie de sainte Reine ; alléguant que ces sortes de livres n'étoient plus nécessaires, depuis que l'on imprime, et que d'ailleurs l'office divin est réglé d'une autre manière dans le bréviaire et missel réformés dans le concile de Trente. » L'auteur, qui donne ces détails, ajoute cette réflexion : « Si tous les abbés et supérieurs de nostre ordre en avoient fait de mesme dans nos monastères, le père Mabillon ne nous auroit pas pu donner les actes des saints de l'ordre, si complet qu'il fais aujourd'hui. »

Nous devons dire à sa louange, qu'en donnant à copier à D. Pierre des Dames les leçons propres de saint Seine, qu'il avait apportées du monastère de ce nom, il détermina ce religieux à réunir dans un seul et même volume les leçons et les messes de toutes les fêtes particulières à l'abbaye de Flavigny. [1]

Mais son œuvre capitale c'est sa *Chronique de l'abbaye de Saint-Pierre de Flavigny*, qui porte la date de 1673, et dont le brouillon est conservé aux archives de la Côte-d'Or, manuscrit n° 138.

Voici comment D. de la Salle expose les motifs qui l'ont dirigé dans son entreprise : « N'étant pas ici mon dessein de faire l'histoire accomplie de ce monastère, n'ayant pas le temps, ny les talens pour cet ouvrage (que le père dom Georges Viole avoit esbauché, ce qui n'est venu en ma cognoissance qu'après ceste chronique), ainsi seulement un abrégé des titres que j'ai vu, je ne m'arrêteray pas à examiner l'antiquité de la ville de Flavigny, dont peu d'autheurs ont parlé, et ont voulu dire estre la ville appellée Bibracte dans *les Commentaires* de César, et depuis nommée *Flavia Æduo-rum*, non plus qu'à discuter s'il y avoit un monastère auparavant que Waré donna son chasteau et autres biens. Le révérend P. D. Georges Viole prouve assez bien p. 46, 47, 76, 77 et 247, qu'auparavant saint Waré, il y avoit à Flavigny un monastère dédié à saint Pierre, lequel fut uni à celui de Saint-Préjet. Je commenceray par le premier abbé de ce monastère dont nous avons cognoissance par le Cartulaire de la fondation d'iceluy, qui en est la première, et par la Chronique de l'abbé Hugues. »

Il commence en effet sa *Chronique* par Magnoalde, premier abbé, 721 ou 722, et la poursuit d'une façon sommaire jusqu'à la prise de possession de l'abbé Antoine Sabbatier, arrivée le 27 novembre 1762. Voici les premières lignes de ce manuscrit, transcrites d'après la copie de M. Joseph Garnier : « Magnoalde premier abbé, 720 ou 727. Le testament de Waré ou Widrade nous fait cognoistre qu'il establi cet

---

1. Voir p. 52, § VII : dom Pierre des Dames.

abbé pour gouverner le monastère de Flavigny, qu'il témoigne avoir construit dans son propre héritage, en un lieu appelé Bornay, dans la contrée d'Alize ou d'Auxois, en l'honneur de St Préject ou Prix. »

D. Guyard a fait usage de ce manuscrit dans son *Histoire du culte de sainte Reine*[1], Ansart ne fait pas difficulté d'avouer qu'il en a tiré de grands avantages pour l'*Histoire de l'abbaye de Flavigny*[2], et Courtépée le signale en ces termes : « Le prieur D. Nic. de la Salle a composé en 1678 cette Chronique, qui est un abrégé des titres de cette abbaye, depuis sa fondation jusqu'à son union à la congrégation de Saint-Maur. »[3]

Indépendamment du brouillon original, il existait jadis une mise au net qui a disparu on ne sait comment. Enfin, M. Joseph Garnier, conservateur des archives de la Côte-d'Or, a bien voulu nous communiquer une copie à lui personnellement donnée en 1837, « par M. Boudot, qui l'avait fait faire comme étude paléographique par un nommé Vinet[4]. » Cette copie se ressent de l'inexpérience de son auteur.

« Les six ans de supériorité du R. P. de la Salle étant expiré dans cette maison (de Flavigny), il fut reçu prieur de l'abbaie de Molesme au chapitre général de l'an 1675, où, après y (sic) demeuré six ans et fait travailler à la grande église[5], il demanda permission de se reposer et vacquer, ce qu'on luy accorda pour l'office de prieur; mais on l'envoya à Saint-Denis, où il fut fait cellerier, et après une longue maladie, il y est mort. »[6]

Il fit pour Molesme ce qu'il avait fait pour Saint-Seine et

1. Page 94.
2. *Hist. de sainte Reine,* p. 48.
3. T. V, p. 380. Au lieu de 1678, il faut lire 1673.
4. Inscription tracée par M. Garnier sur un feuillet de garde.
5. Cf. *Gall. Christ.,* t. IV, col. 741.
6. Ces détails et les autres dont la provenance n'est pas indiquée, sont dus à l'œuvre de D. Pierre des Dames.

Flavigny, et rédigea une « *Chronique* du monastère de Nostre-Dame de Molesme et des prieurés en deppendans, faicte en l'an 1677. » Il explique lui-même dès le début la pensée qui a présidé à son travail : « N'ayant pas dessein, ny le temps de faire l'histoire de ce monʳᵉ qui rempliroit un gros volume, je me suis attaché à mettre par ordre chronologique tout ce que j'ay trouvé de considérable dans les autheurs que j'ay pu recouvrer, et l'abrégé des principaux titres dudit monsʳᵉ, que j'ay lus dans les originaux et cartulaires que je citeray à la marge pour justifier ce que j'auray avancé. » Ce manuscrit, actuellement conservé dans les archives de la Côte-d'Or et classé sous le n° 153 des cartulaires et chroniques, commence par la vie de saint Robert, fondateur de Molesme, et se termine par le gouvernement de Charles de la Rochefoucauld, trente-neuvième abbé. C'est un in-folio de 180 pages, précédées d'une table des matières, à la suite de laquelle on lit cette mention répétée ailleurs : « par le R. P. dom Nicolas de la Salle, prieur dudit Molesme, et escrite de sa main. » Si l'on en croit M. l'abbé Jobin, dans son *Histoire du prieuré de Jully-les-Nonnains*[1], Simon Briot paraît s'être beaucoup servi de cette *Chronique* pour composer son *Abrégé de l'histoire de Molesme*, qui fait partie de la collection de Bourgogne, à la Bibliothèque nationale.

Ajoutons, pour être complet, qu'il existe aux archives de la Côte-d'Or, manuscrit n° 155, une « Copie de la *Chronique* écrite par le prieur de la Salle (V. n° 153) suivie d'une table de cartulaire et d'une analyse. »

---

1. Avant-propos, p. vii.

VII

On lit à la suite du brouillon de la *Chronique de l'abbaye de Saint-Pierre de Flavigny* la remarque suivante :

« Le R. P. D. Nicolas de la Salle, prieur de la communauté régulière de ce monastère, qui a composé et escrit de sa propre main l'histoire cy-dessus, nous eût rendu un grand service s'il s'estoit donné la peine de coucher par escrit les choses qui se passoient de son temps et qui regardoient cette maison, à l'exemple de l'abbé Hugues, dont il parle si amplement, et nous auroit appris beaucoup d'affaires de conséquence, avec leurs circonstances, dont l'ignorance ne laisse pas que de nous faire préjudice. Il dict bien cy-dessus que les choses mémorables sont escrites dans un livre destiné pour marquer les choses notables, mais on n'y en marque fort peu, et on n'y marque pas toutes les circonstances et dépendances, comme il avoit fait dans un style historique. De plus, dans ce livre dit des choses notables[1], on n'y écrit rien que ce qui regarde précisément le monastère, et encore pour quelque affaire de considération ; mais il seroit nécessaire de marquer dans l'histoire de ce monastère les choses de conséquence qui regardent les communautés voisines, soit ecclésiastiques, religieuses ou séculières, comme la société de St Genest, les Ursulines, le couvent des Franciscains et l'hôpital de Ste Reine, la communauté des habitants de Flavigny et ce qui se passe dans leur assemblée de ville, et ainsi des communautés des villages voisins, dans lesquels l'abbaie a quelques droits et revenus; l'expérience nous ayant appris que ces communautés ont quelques fois fait et donné des déclarations dans leurs assemblées, qui nous ont servi de tiltres pour le maintien de nos droits... »

---

1. Nous avons parlé, § III, de ce livre commencé en 1644.

L'auteur de cette remarque voulut combler dans une certaine mesure la lacune dont il se plaignait, en racontant certains faits omis par D. de la Salle et en continuant sa *Chronique* jusque vers la fin de 1691. Voici du reste comment il s'exprime à ce sujet : « Je me suis servi de l'occasion de 12 feuillets que j'ay trouvé en blanc à la fin du livre du R. P. de la Salle, qui n'est que son brouillon, sçachant bien qu'il y a un autre écrit au net. Je regrette de n'avoir pas assez de papier, ny les mémoires en main nécessaires, pour mettre icy beaucoup de choses que je sais qui seroient très utiles au monastère. Je ne manquerois pas de m'étendre sur ce qu'a fait le R. P. D. Antoine Lucet, prieur. *Orate pro me.* F. P. D. D. ce 4 aoust 1691. »

Nous nous étions d'abord figuré que ces initiales désignaient frère Philibert Donet, docteur en théologie et prieur de Notre-Dame de Semur-en-Auxois. C'est même en ce sens que nous avions parlé dans les pièces justificatives qui font suite à la *Vie de sainte Reine*[1]. Mais il y avait là une erreur dont nous n'avons pas tardé à nous apercevoir. Car si le prieuré de Notre-Dame de Semur dépendait primitivement de l'abbaye de Flavigny, au profit de laquelle il avait été acquis par l'abbé Amédée, dans les premières années du onzième siècle, à l'époque où écrivait F. P. D. D., le prieur et les religieux avaient secoué le joug de l'obéissance et s'étaient mis « sous la conduite de M^r l'évesque d'Authun. » Une raison plus décisive, c'est que Philibert Donet était mort en 1680[2]. F. P. D. D. a même parlé de ses derniers moments.

Lorsqu'au mois de juin 1881, M. l'abbé Lamey fit réimprimer par la colonie de Cîteaux, l'office de sainte Reine composé par D. Hugues Vaillant, nous crûmes devoir profiter de l'occasion pour réparer notre méprise. [3]

---

1. P. 456 et 459.
2. Courtépée, t. VI, p. 225. — Cf. Papillon, *Bibliothèque*, t. I, p. 183.
3. *Sanctæ Reginæ, virg. et mart., officium monasticum.* Cistercii, ex typis coloniæ S. Joseph, 1881, p. 4.

Si les initiales ne sont pas celles du prieur de Notre-Dame de Semur, qui donc peuvent-elles désigner? Pour résoudre cette question, il faut recueillir les indications autobiographiques contenues dans le manuscrit, et les comparer avec les données fournies par les anciens titres de l'abbaye.

Or le manuscrit nous apprend que F. P. D. D. vint pour la première fois à Flavigny, le jour de la fête de l'Exaltation de la sainte Croix, le 14 septembre 1672. « Ce jour, dit-il, me marquoit que je devois un jour porter ma croix. » Tant que D. de la Salle resta prieur, c'est-à-dire de 1672 à 1675, quoiqu'il ne confiât aucun office au nouveau venu, il ne le laissa cependant pas languir dans l'oisiveté. « Lorsque je vins céans, dit-il, il me donna pour travail à transcrire les leçons propres de saint Seine, qu'il avoit apportées du monastère de ce nom, où il avoit été prieur. Cela me donna occasion de rechercher les leçons propres des autres saints dont nous faisons l'office. Je trouvai l'office propre de saint Préject et celui de sainte Reine, composés depuis peu par D. Hugues Vaillant [1], à la sollicitation du R. P. D. Antoine Lucet, cy-devant prieur de céans, qui avoit fait notter les deux offices par un musicien de Paris (lorsqu'il y étoit pour solliciter le procès contre les sociétaires de Saint-Genest), et qui avoit fait approuver l'office de sainte Reine par M. d'Attichy, évesque d'Authun, afin que les prestres du diocèse s'en pussent servir [2]. Ledit père Lucet avait envoyé les deux offices nouveaux au chapitre général qui se tint de son temps; mais ils ne furent point approuvez, soit parce qu'il avoit prévenu l'autorité dudit chapitre, en les faisant approuver par l'évesque diocésain, soit parce qu'il avoit pour lors le visiteur contraire, ou pour quelques autres

---

1. Ce sont deux ouvrages de plus à ajouter à ceux de D. Guillaume-Hugues Vaillant, qui a sa place marquée dans les bibliothèques de la congrégation de Saint-Maur.

2. L'approbation est du 12 septembre 1659, et se trouve aux arch. de la Côte-d'Or H. 187, *Lettres des évêques*.

raisons. Quoi qu'il en soit, je ne laissay pas de transcrire au net, en beaux gros caractères italiques, ces offices avec les leçons propres dont on fait l'office dans notre église, que j'avois eu par communication des autres églises, réduisant dans le style du bréviaire réformé celles qui n'y étoient pas, comme les leçons de S. Genest et d'autres. Je fis donc un volume ou livre, dans lequel j'inséray les leçons et homélies tirées de l'octavaire bénédictin, avec les répons tout au long, afin qu'en chantant lesdites leçons au chœur, on ne fût pas obligé d'avoir deux livres, ce qui seroit incommode. Ce qu'ayant fait tout conformément au bréviaire, ayant le calendrier propre au commencement, et toutes les rubriques directives en leur lieu, ledit R. P. de la Salle l'envoïa au chapitre général de l'an 1675, où ce livre fut leu et examiné. Les examinateurs, ou commissaires pour les rites, trouvèrent à redire à l'hymne de vespres, dans l'office de saint Préjet, et aux lecons de saint Odilon, quoique je les eusse copiées de mot à mot, telles que se trouvent dans les anciens bréviaires de l'ordre, et à quelques autres leçons qu'ils marquèrent. Après le chapitre général, on changea de prieur, et nostre livre demeura là ; et moy, je demeurois pour lors à Dijon. Mais la même année, au mois de septembre, je retournay icy, quoique ce fût pour un autre emploi ; car on me donna l'office de procureur, avec lequel je ne pus vaquer à réformer notre *proprium*. Néanmoins, il m'arriva un accident, que je me cassay la jambe. Pendant que je me reposois, je repris le travail de notre livre. J'écrivis au révérend P. D. Hugues Vaillant, que je priay de réformer l'hymne de S. Préjet et les leçons que je lui envoïois, conformément à l'ordonnance du chapitre général ; ce qu'il fit fort ponctuellement, me les renvoïa et écrivit fort obligeamment. Mais étant remis de ma fracture, j'avois bien d'autres occupations que de travailler à nostre *proprium*, qui demeura encore imparfait. En l'année 1679, je sortis d'icy pour aller à Pont-Levoy, d'où je revins en 1680, et demeuray deux ans, pendant lequel temps, je travaillay à transcrire les leçons que le père Hugues Vaillant avoit composées. Et comme je commençois d'y travailler, mon obédience vint pour sortir d'icy et pour aller à Tonnerre, d'où je sortis encore la même année pour aller demeurer à Molesme, où le R. P. dom Antoine Brugniard estoit prieur; qui me donna commission de faire aussy un *proprium* pour le monastère de Molesme, ce que je fis très volontiers, et dans moins d'un an je fis un gros volume où sont toutes les leçons des offices propres de ce monastère, écrits en gros caractères fort lisibles.

» En ce temps, le R. P. D. François Boullefroy, prieur de céans [il avait remplacé D. Estienne Simonneau, successeur de D. de la Salle], m'envoya l'ouvrage que j'avais commencé, m'écrivit me priant d'achever et donna commission au père dépositaire de Molesme de m'achepter du beau papier, et me fournit tout ce qui me seroit nécessaire pour ce dessein. Je fis venir du beau papier de Paris, et écrivis ce *proprium* d'un beau caractère italique bastard fort lisible, y mettant toutes les rubriques propres en leur lieu, dans le style du bréviaire. Après qu'il fut fait, je le fis relier et couvrir de bois, y faisant mettre des équerres et garnitures de cuivre, que je fis faire à Troyes. Je fis encore imprimer les messes propres, ou plutôt les messes des festes propres et particulières de ce monastère, dans un cahier qui se met à la fin des missels; en sorte que quand il arrive une feste locale, on la célèbre sans aucune difficulté ny confusion; on trouve l'abrégé de la vie du saint dont on célèbre la feste, afin de nous exciter à imiter ses actions, comme le vray moïen de l'honorer; ce qui est autant utile que commode et profitable, et dont nous avons obligation au R. P. D. de la Salle. »

F. P. D. D. revint une troisième fois à Flavigny; car voici ce qu'il raconte à propos de l'année 1686 : « Les cures dépendantes de cette abbaye donnèrent beaucoup d'exercice à

notre prieur cette année, à cause de la nouvelle déclaration
du roy, qui ordonnoit que tous les seigneurs décimateurs
donneroient trois cens livres de portion congrue aux curés
exemptes de toute charge; et comme ledit R. P. prieur eut
assez de charité et de complaisance pour M^r l'abbé qui
estoit accablé dans ses affaires, pour s'estre fié à des gens
qui l'avoient toujours trompé; qu'il en voulu toujours bien
prendre le soin lui-mesme, il luy fallut essuyer toutes les
difficultés qui se rencontrent avec les curés qui estoient de
la dépendance de la mense abbatiale, aussi bien qu'avec ceux
qui dépendoient de la communauté; il me donna pour lors
commission de ce qui regardoit M^r l'abbé, dont je me tiray,
Dieu grâce, sans procès et sans beaucoup de difficultés. »

C'est postérieurement à cette époque qu'il entreprit de
continuer la *Chronique* de D. de la Salle. « Pour moy, dit-il
encore, et nous ne pouvons pas mieux faire que de lui laisser
la parole, j'avoue que lorsque j'ai eu la communication de
tous les instruments, je n'avois pas le temps de vaquer à
l'histoire, parce que j'étois chargé des affaires de la maison;
pendant lequel temps, j'ai marqué exactement jour par jour
tout ce qui se passait; mais maintenant que j'écris ceci, j'ai
à la vérité assez de temps et de loisir; mais les pièces nécessaires me manquent. C'est pourquoy je ne puis pas garder
ni l'ordre des temps, ny la disposition des affaires, comme
je le ferois si j'avois les tiltres en main. J'écris seulement,
currente calamo, ce que ma mémoire me peut fournir; mais
comme j'ai demeuré dans cette maison assez longtemps,
quoy qu'en diverses fois, j'ai cru devoir mettre icy ce que
je sçay, ayant ces pages blanches, en renvoïant le lecteur
aux mémoires journaliers que j'ay fait lorsque jettois procureur. »

Il termine en effet son histoire avec les pages blanches.
Puis il invite ses lecteurs à la continuer et signe avec les
fameuses initiales : « F. P. D. D. le 4 aoust 1691. »

Tels sont les renseignements que le frère fournit lui-même

sur son œuvre et sur sa personne : renseignements qui vont nous permettre d'établir son identité et de compléter ses nom et prénom. Car, en marge d'un bail consenti le 20 février 1675 par « dom Jean Thirel, religieux bénédictin et procureur spécial de dom Charles Prévost, prieur du prieuré de Saint-Jean-l'Évangéliste de Grignon », en faveur de « Jean Coiffotte, marchant demeurant à Allize », et conservé par M. Charles Sauvel, propriétaire actuel dudit prieuré, on trouve différents reçus datés, le 1er du 21 juillet 1676; le 2e du 5 mai; le 3e du 30 juin; le 4e du 22 août; le 5e du 8 novembre 1677; le 6e du 1er mai, et le 7e du 9 juin 1678, tous également signés : F. Pierre des Dames.

Or, au cours d'un voyage fait à Dijon, en 1881, nous avons pu confronter le texte et la signature des reçus avec le texte et la signature du manuscrit de F. P. D. D. Confrontation faite, nous croyons pouvoir dire cette fois, sans crainte de nous tromper, que les deux écritures émanent de la même main, et que, par conséquent, la continuation de la *Chronique* de D. de la Salle est réellement l'œuvre de frère Pierre des Dames.

On trouve à la suite de cette œuvre quelques feuilles consacrées soit à l'histoire de l'aliénation de la justice et seigneurie d'Athie-Villiers, près de Pouillenay, soit aux rapports de l'abbaye avec la cure de Flavigny. Elles se terminent par ces mots : « J'ai fait une autre copie de cecy un peu meilleure. » Est-ce un spécimen des mémoires journaliers que frère Pierre des Dames déclare avoir faits quand il était procureur? C'est possible; nous ne voudrions cependant pas l'affirmer.

En tout cas, le *Propre* de l'abbaye de Flavigny et celui de l'abbaye de Molesme émanent certainement de sa plume.

La *Chronique* de D. de la Salle, continuée par D. Pierre des Dames, n'était pas inconnue d'Edme Logeat, auteur de la copie de l'*Histoire de l'abbaye de Flavigny* par D. Viole, car, page 369, il écrivait ces mots : « Ce qui suit est tiré d'une chronique de l'abbaye de Saint-Pierre de Flavigny, écrite en 1673 par le R. P. D. Nicolas de la Salle et continuée par d'autres religieux jusqu'en *(sic)*. » Et page 405 il insérait ces lignes : *Orate pro me, fratres venerandi, fratres charissimi*, ce 4 août 1691 ; lignes qui rappellent la signature de D. Pierre des Dames : *Orate pro me*, F. P. D. D., ce 4 aoust 1691.

VIII

Le ms. n° 73 de la bibliothèque de la ville de Semur-en-Auxois contient, indépendamment de l'*Histoire de l'abbaye de Flavigny* par D. Viole, un *Abrégé de l'histoire du monastère de Saint-Pierre de Flavigny et de ses abbés.* « Cette histoire, est-il dit, à la suite du titre, a été tirée de l'histoire générale de l'abbaye de Flavigny en 1692. » Elle commence page 287, par ces paroles : « De la fondation du monastère. Hugues 34ᵉ abbé de ce monastère, dans la Chronique de Verdun, imprimée dans le Iᵉʳ tome de la *Bibliothèque* du P. Labbe, jésuite, s'est trompé lorsqu'il a datté la fondation de ce monastère en 601..... » Elle se termine, page 368, par ces autres paroles : « Au contraire, l'on a pris sujet de les molester, de sorte qu'enfin ils ont été obligés de céder et de remettre le tout entre les mains de la Providence de Dieu, à qui soit gloire et honneur pour tous les siècles. Amen. »

La bibliothèque de Châtillon-sur-Seine, dans le plus petit des manuscrits cités, possède un abrégé semblable intitulé : *Abrégé de l'histoire du monastère de Saint-Pierre de Flavigny*, et commençant d'une manière identique.

C'est la même œuvre de part et d'autre : mais le nom de l'auteur restera probablement toujours un problème. Le manuscrit de Semur dit qu'il écrivait en 1692. Quels étaient alors les religieux de l'abbaye ? Et parmi ces religieux, quel est celui à qui il faut attribuer l'*Abrégé?* Ce sont deux questions dont la première n'est pas difficile à résoudre ; mais dont la seconde présente plus de difficulté que d'importance. Aussi n'avons-nous pas jugé à propos de l'aborder.

IX

La bibliothèque de la ville de Semur-en-Auxois possède deux autres manuscrits relatifs à l'histoire de l'abbaye de Flavigny.

Nous signalons d'abord le n° 75, intitulé : *Histoire de Flavigny.* C'est un in-folio divisé en deux parties. La première a pour titre : *Journal des choses notables du monastère de Saint-Pierre de Flavigny, à commencer au mois de janvier* 1753. La seconde est un *Journal de ce qui s'est passé de plus remarquable à Flavigny,* à dater de la même année.

Voici comment l'auteur s'exprime dans la préface. « Les secours et les lumières que j'ay tirées des mémoires de quelques-uns de mes prédécesseurs touchant les affaires de cette maison, m'ont engagé à écrire ceux-ci. Nous voyons tous les jours tant de personnes profiter de nos changemens pour nous surprendre et dans nos droits et dans nos biens, qu'il seroit à souhaiter qu'un religieux et spécialement celuy auquel sont confiés les interrests de la maison et qui en font les affaires, fut chargé et fut exact à coucher par écrit les choses les plus importantes qui se sont passées de son tems, afin que par là son successeur pu s'instruire et apprendre les coutumes, les usages, sur quantité de choses qu'on est obligé de demander à des séculiers, qui souvent sont intéressés et ne méritent pas toujours toute notre confiance. Je tacheray donc dans ces mémoires que je me propose d'écrire, de marquer jour par jour tout ce qui pourra servir d'instruction pour le passé et prévoir les conséquences pour l'avenir. Il s'y trouvera peut-être quelques articles, qui paroitront indifférens ou même inutiles à quelques-uns, mais qui auront néanmoins dans certains tems leur utilité pour d'autres. Quand même on ne les liroit que par curiosité, on y trouvera peut-être de quoy se satisfaire. On seroit bien aise, par exemple, de sçavoir en quel tems a été achetée, plantée, construite et détruite telle et telle chose. Il est vrai qu'il doit y avoir dans le monastère un livre uniquement destiné pour y mettre par écrit les choses notables ; mais y est-t-on exact? Combien d'omission et pour le tems, pour les circonstances et les dépendances de tout ce qui s'est passé? Tout ce qu'on y trouve n'est ordinairement qu'en bref, et ne concerne uniquement que le monastère et souvent peu intéressant. De quelle utilité et de quelle conséquence ne seroit pas ce livre, si ceux qui nous ont précédés avoient eu soin d'y ajouter ce qui regarde les prestres sociétaires de l'église de Saint-Genest, les difficultés que nous avons eu avec eux et pour nos droits et nos cérémonies, ce qui s'est passé dans les assemblées des habitants de la ville, leurs délibérations et leurs décisions en ce qui pouvoit nous concerner, en un mot tout ce qui pouvoit nous intéresser dans les lieux circonvoisins, ou nous avons des droits et des revenus. C'est ce que je me propose de faire et de travailler en même tems, quoique peu capable, à l'histoire de cette maison, par les connoissances que me donneront les titres de nos archives, dont je compte faire un exact examen et un inventaire. Du moins j'espère laisser des mémoires à ceux qui me succéderont et dont ils pourront se servir en cas qu'ils veulent prendre la peine de travailler eux-mêmes à cette histoire. »

Le catalogue de la bibliothèque attribue ce manuscrit à dom Amiens, et c'est à juste titre, comme on peut s'en convaincre en lisant les premières lignes écrites par celui qui a continué la première partie de son œuvre.

Procureur et cellerier de l'abbaye, comme il nous l'apprend lui-même dans son journal, à la date du 6 juillet 1765, dom Jacques Amiens exerça ce double office depuis 1742 jusqu'à 1766 inclusivement. Le 8 avril 1760, la communauté le députait pour assister à la diète provinciale en qualité de conventuel. Mais l'arrivée de D. André Gasselin comme prieur changea complètement sa situation. Il dut bon gré mal gré abandonner sa charge et rendre ses comptes. Voici dans quels termes il raconte lui-même cet incident : « Le 15 avril 1767, dit-il, le prédécesseur de dom Mestral, à qui depuis plus de 25 ans les interrests et les affaires du monastère avoient été confiés, rendit par devant le R. P. prieur et ses nouveaux sénieurs, ses comptes généraux ; sçavoir celuy de cellérier, de sous-cellérier et de dépositaire pour l'année 1766, et celuy des mois de janvier, février et mars de la présente année. » Au mois de juin suivant, dom Gasselin voulut lui ménager une compensation, en lui offrant la place de sous-prieur, vacante par suite du départ de dom J.-B. Bouquin, qui avait obtenu une obédience pour l'abbaye de Saint-Martin d'Autun son pays natal ; mais dom Amiens *crut devoir* s'excuser. Il continua la première partie de son journal jusqu'au mois d'octobre 1769 inclusivement, et la termina en ces termes : « Au lecteur bénevole. Après avoir travaillé et m'être acquitté de mon mieux de mon emploi depuis 1742 jusqu'en 1766 inclusivement, que le R. P. dom André Gasselin est venu icy, pour y être nouveau prieur, n'ayant pas eu le bonheur de luy plaire et, en conséquence, ayant été déchargé des affaires de la maison, je n'ay pas laissé depuis ce tems-là que de continuer à mettre par écrit, comme il paroit cy devant, bien des choses qui se sont passées concernans le monastère, mais n'ayant pu depuis mon changement, avoir qu'une connaissance très imparfaite et superficielle des affaires qui luy sont survenues, j'ai été obligé de cesser ces mémoires que d'autres plus au fait continueront s'ils le jugent à propos. *Vale, fruere feliciter, lector benevole, et ora pro me.* » On lit ensuite, de la main de son continuateur : « Ce journal a été interrompu par dom Amiens à la fin de 1769, et on ne s'est apperçu de cette interruption que plus d'un an après son départ pour Saint-Pierre de Chalon qui arriva en 1774. On reprend icy ce qu'on s'est rappelé de plus remarquable. » Mais cette reprise roule uniquement sur les années 1774 et 1775.

La seconde partie du *Journal,* relative à la ville de Flavigny, est beaucoup moins étendue que la première. Elle commence, comme nous l'avons dit, au mois de janvier 1753, et s'achève à pareil mois de l'année 1763.

A la fin de la préface de son *Journal des choses notables du monastère de Saint-Pierre de Flavigny*, dom Amiens prenait l'engagement de travailler, « quoique peu capable, à l'histoire de cette maison, » ou du moins de rédiger des *Mémoires* à l'usage de ceux qui viendraient après lui.

Le catalogue des manuscrits de la bibliothèque de Semur prouve qu'il tint parole. Car après avoir signalé un manuscrit in-folio sur papier, portant le n° 74 et intitulé : « Abbaye de Flavigny, comprenant : 1° histoire de la fondation de l'abbaye de Flavigny ; 2° histoire des abbés de Flavigny, depuis la fondation en 720 jusqu'en 1686 ; 3° l'église de l'abbaye, ses chapelles, ses reliques ; 4° prieurés dépendant de l'abbaye ; 5° droits de l'abbaye sur les habitants ; droits des évêques d'Autun sur l'abbaye et sur la ville ; droits des ducs de Bourgogne, etc. ; 6° prérogatives et privilèges de l'abbaye ; 7° fief relevant de l'abbaye ; » le catalogue ajoute que « ce manuscrit intéressant est tout entier de la composition et de la main de dom Amicus (*leg.* Amiens) religieux de ladite abbaye, ainsi qu'on peut le voir en la préface et au verso de l'antépénultième feuillet du *Journal des choses notables arrivées à Flavigny,* rapporté sous le numéro suivant et aussi par lui rédigé. »

Du reste l'écriture des deux manuscrits est absolument la même.

Si dom Amiens, pour rédiger ces *Mémoires*, a puisé largement dans les archives de l'abbaye, il ne s'est pas fait faute de mettre à contribution les manuscrits de ses devanciers. Que l'on compare par exemple le mémoire relatif à l'histoire de la fondation de l'abbaye de Flavigny, avec le chapitre troisième de l'histoire de la même abbaye, par D. Viole, chapitre intitulé : *De la fondation du monastère de Flavigny*, on n'aura pas de peine à reconnaître les mêmes idées, développées dans le même ordre et, la plupart du temps, avec les mêmes expressions.

Dom Amiens est aussi l'auteur d'un mémoire dont il parle en ces termes : « Le 1er mars 1765, j'envoïay au R. P. dom Chrétien, 1er assistant de notre très R. P. D. Delrüe, général de notre congrégation, tous les éclaircissemens que je pus trouver sur l'ancienne et noble famille de Crécy, qu'il m'avoit demandé pour Mr l'abbé de Crécy, qui l'en avoit prié, et à qui étant amy il voulait rendre service. Le mémoire que j'en fis et qui me coûta bien des recherches dans nos archives, et dont j'ay gardé un double, concerne un Geoffroy de Crécy, abbé régulier de notre abbaye de Flavigny depuis 1474 qu'il y fut nommé, étant alors prieur de Couche, jusqu'en 1508 qu'il mourut et enterré au milieu de la nef de notre église, et où se trouvent inhumés prez de sa tombe plusieurs autres personnes de son nom et de sa famille. Ce mémoire, suivant l'intention de Mr l'abbé de Crécy, est signé du R. P. D. Crestu, prieur, et de D. J. Amiens, procureur, et scellé du sceau de notre abbaye, et contient des particularités fort utiles à sa famille. Ses armes y sont dessinées, se trouvants encore en relief sur les poutres de notre église, dont la réparation de toute la charpente fut faite par led. Geoffroy de Crécy, abbé dud. Flavigny. Nous receumes de grands remerciemens de M. l'abbé de Crécy, qui nous marque qu'il descend de Jean de Crécy, seigneur du Trembloy en Franche-Comté, frère de Guillaume de Crécy, qui mourut sans enfans. Nicolas de Crécy leur frère aîné est la tige des seigneurs de Venarrey qui sont éteints. » [1]

X

Dom André-Joseph Ansart, « du diocèse d'Arras, a fait profession à l'âge de dix-huit ans, dans l'abbaye de Saint-Faron de Meaux, le 5 avril 1741. »

Le premier ouvrage connu de lui est un *Dialogue sur l'utilité des Moines rentés;* Paris, Desventes de Ladoué, 1769, in-12 [2]. L'auteur était alors religieux de l'abbaye de Saint-Denys, en France.

Dom Tassin, à qui nous empruntons ces détails, nous apprend qu'au moment de la publication de l'*Histoire littéraire de la congrégation de Saint-Maur* (1770), Ansart faisait imprimer « un petit ouvrage intitulé : *Expositio in Canticum canticorum,* et qu'il était prêt à donner au public la vie de saint Maur, avec l'histoire de l'abbaye des Fossez, connue sous le nom du même saint abbé. [3]

L'*Expositio* parut l'année suivante. Car le *Catalogue des livres rares et curieux provenant de la bibliothèque du docteur Cazin* [4], porte au n° 6 : « Expositio in Canticum canticorum Salomonis, a domino And. J. Ansart, monacho Benedictino, ex Acad. Atrebatensi; Parisiis, 1771, in-12 ». [5]

L'*Histoire de saint Maur, abbé de Glanfeuil,* ne parut qu'en 1772. [6]

1. Bibliothèque de la ville de Semur-en-Auxois, ms. n° 75, première partie. — Courtépée, t. V, p. 576, cite parmi les seigneurs de Venarey, Nic. de Crécy en 1480. Le 10 août 1481, Nicolas assistait à la translation des reliques de sainte Reine, opérée par les soins de l'abbé Geoffroy de Crécy, son parent. (Voir notre *Vie de sainte Reine d'Alise,* p. 270 et 271.

2. Quérard, *France littéraire,* I, p. 68, veut que ce *Dialogue* ait paru l'année précédente.

3. D. Tassin, *Histoire littéraire,* p. 752.

4. Paris, A. Claudin, M.DCCC.LXXXV.

5. Quérard, loc. cit. se trompe donc une fois de plus, quand il place l'apparition de cet ouvrage en 1770.

6. A. Claudin, *Archives du bibliophile,* juin 1883, n° 60,484; et Durnerin, *Catal. de librairie ancienne et moderne,* décembre 1884, n° 595, donnent la date de 1772, tandis que Quérard donne celle de 1771.

Parlant de Masen (Jacques), écrivain allemand du dix-septième siècle, Quérard signale l'*Éloge de Charles-Quint, poème traduit du latin avec le texte en regard, par André-Joseph Ansart ;* Paris, 1774, in-8°. [1]

Vers cette époque, des raisons graves déterminèrent l'auteur à quitter l'ordre de Saint-Benoît pour entrer dans l'ordre de Malte. Mais son amour du travail ne l'abandonna pas. Nous en avons la preuve dans un *Manuel des supérieurs ecclésiastiques et réguliers, confesseurs, directeurs ; ou Art de guérir les maladies de l'âme ;* Paris, Nyon l'aîné, 1776, un volume in-12. [3]

Si l'on en croit le P. de Backer [3], une partie de cet ouvrage aurait été traduite du P. Aquaviva, de la Compagnic de Jésus.

La signature énigmatique adoptée par l'auteur : « M. A. P. C. D. L. O. D. M. » c'est-à-dire, Monsieur Ansart, prieur conventuel de l'ordre de Malte, fait assez voir que son changement de religion était chose consommée en 1776. [4]

Six ans plus tard, il publiait son *Manuel des pèlerins de sainte Reine d'Alise, vierge et martyre.* [5]

La Bourgogne doit encore à Ansart une « *Histoire de sainte Reine d'Alise et de l'abbaye de Flavigny.* A Paris, chez la veuve Hérissant, imprimeur-libraire, rue Neuve-Notre-Dame, à la Croix-d'Or ; Théophile Barrois jeune, libraire, rue du Hurepoix, près le pont Saint-Michel, M. DCC. LXXXIII ; avec approbation et privilège du roi. »

L'*Épître dédicatoire* adressée à M. Boscheron, commandeur de Chevru, agent général et grand vicaire de l'ordre de Malte, et signée par son très humble et très obéissant serviteur et *confrère,* prouve une fois de plus qu'Ansart avait dès lors quitté les bénédictins.

---

1. Quérard, *France littéraire,* V, p. 594.
2. Durnerin, *Catalogue,* octobre 1881, n° 17.
3. *Bibliothèque,* etc., I, p. 15.
4. Quérard, *France littéraire,* I, p. 68.
5. A Paris, s. d., chez la veuve Hérissant et chez Théophile Barrois. Nous avons parlé de ce *Manuel* dans la *Vie de sainte Reine d'Alise,* p. 139.

L'ouvrage forme un volume in-12 de XII-456 pages, divisé en deux parties.

La première comprend une *Histoire de sainte Reine*, dans laquelle l'auteur se propose d'éviter deux excès contraires, également funestes à ses devanciers : « Dom Viole, dit-il, dans sa *Vie de sainte Reine*, a montré trop de crédulité ; et dom Guyard, dans l'*Histoire de son culte*, n'en a pas eu assez : c'est pourquoi, j'ai suivi ces deux savants bénédictins avec précaution. » [1]

La seconde partie est consacrée à l'*Histoire de l'abbaye de Flavigny*, et contient neuf chapitres, qui vont de la page 147 à la page 456 du volume. C'est sans contredit la partie la plus longue ; mais c'est aussi la plus importante. On n'a qu'à jeter un coup d'œil sur les manchettes pour se convaincre qu'indépendamment des ouvrages imprimés qui pouvaient lui fournir des lumières sur son sujet, l'auteur avait à sa disposition divers manuscrits de l'abbaye, tels que l'ancien cartulaire et les anciens titres heureusement échappés au pillage « qu'occasionnèrent en différens tems les guerres sanglantes et fréquentes dans le duché de Bourgogne [2]. » Citons encore l'*Epistolier* du prieuré de Saint-Jean de Semur [3] ; la communication fournie à l'auteur par D. Crétu [4], et nous aurons prouvé qu'Ansart ne négligea rien pour donner à son travail toute la perfection désirable. S'il n'était plus bénédictin à l'époque où il le composa, il en avait du moins conservé les habitudes littéraires, c'est-à-dire l'amour du document authentique et cette sobriété de style qui n'exclut ni la clarté ni même l'élégance.

Le privilège qui accompagne le *Manuel des pèlerins de sainte Reine*, prouve qu'Ansart avait fait pour saint Fiacre

---

1. P. 88, note 1.
2. P. 337. — Cf. p. 288, *Mémoires anciens des archives de Flavigny*, p. 165, 234, 414, 425. — *Manuscrits de Flavigny*, p. 207. *Actes capitulaires.*
3. P. 209, 349.
4. P. 446, note 1.

le même travail que pour sainte Reine ; car il était autorisé à publier une *Histoire de saint Fiacre et de son monastère*, et un *Manuel du pèlerin de saint Fiacre*.

L'*Histoire* parut en 1782, in-12[1]. Il en fut probablement de même du *Manuel*.

Tant de productions ne semblent pas avoir épuisé la fécondité de l'écrivain. Car nous avons eu sous les yeux : « *la Vie de Grégoire Cortez*, bénédictin, évêque d'Urbin, et cardinal, par M. Ansart, conventuel de l'ordre de Malte, avocat au parlement, docteur es droits de la faculté de Paris, des académies d'Arras, et des Arcades de Rome, et prieur-curé de Villeconin. A Paris, chez la veuve Hérissant, imprimeur-libraire. Théophile Barrois, libraire, M.DCC.LXXXVI, in-12. »

Dédiée à S. Em. Mgr Giraud, cardinal, archevêque de Ferrare, cette *Vie* comprend XII-125 pages.

Le privilège qui termine le volume annonce qu'Ansart devait donner au public, conjointement avec la *Vie de Grégoire Cortez*, un autre ouvrage de sa composition intitulé : *Caii Vettii Aquilini Juvenci, presbyteri Hispani, opera quæ extant omnia.*

Ansart mourut en 1790. « On a dit de lui qu'il aimait peu le travail, et qu'il avait trouvé dans les archives de Saint-Germain-des-Prés à Paris, les divers ouvrages qu'il a publiés sous son nom[2]. » Mais le nombre de ces ouvrages prouve assez qu'il fut laborieux, et il serait fort étonnant que les bénédictins de Saint-Germain-des-Prés, ses anciens confrères, se fussent laissés dépouiller par un transfuge, sans élever la moindre réclamation.

---

1. Quérard, *France littéraire*, I, p. 68.

2. *Alise-Sainte-Reine (Côte-d'Or) avant et après l'ère chrétienne*, par M. l'abbé J.-B.-E. Pascal ; brochure in-8°, 1858, p. 43, note 1.

Un homonyme d'Ansart (Louis-François-Joseph), prêtre de l'abbaye de Saint-Waast d'Arras, né dans cette ville en 1710, a sa place marquée au *Martyrologe du clergé français pendant la Révolution* ; Paris, 1840, p. 6. L'identité du nom et celle du diocèse permettent de croire qu'ils appartenaient tous deux à la même famille.

Quoi qu'il en soit, l'*Histoire de l'abbaye de Flavigny* clôt dignement la liste des œuvres consacrées à illustrer la fondation de Widerade ; et c'est à ce titre que nous avons cru devoir nous étendre un peu sur son auteur et sur ses diverses productions.

XI

Indépendamment des travaux d'ensemble relatifs à l'*Histoire de l'abbaye de Flavigny*, il existe quelques opuscules destinés à transmettre le souvenir d'un certain nombre d'épisodes plus intéressants.

Le premier et le plus ancien est le récit de la translation des reliques de sainte Reine de l'oratoire d'Alise dans l'église de l'abbaye de Flavigny, les 21 et 22 mars 864.

L'auteur n'a pas jugé à propos de donner son nom ; mais nous savons l'époque où il vivait. D. Viole dit que c'était un « autheur du mesme temps[1]. » Les Bollandistes n'en disconviennent pas, et font même remarquer qu'il écrivait avant l'élévation d'Égil au siège archiépiscopal de Sens, c'est-à-dire avant 865 ou 866, puisqu'il qualifie simplement ce personnage du titre d'abbé[2]. Il est telle phrase, d'ailleurs, qui ne peut émaner que d'une plume contemporaine : par exemple celle où il est dit qu'une des causes déterminantes de la translation fut la négligence des gardiens « qui par ignorance ou incurie supprimèrent les signes qui servaient à attester et à faire valoir les mérites de la martyre, mérites à peine connus maintenant par une faible relation : *Et quæ jam vix tenui relatione vulgantur*.

Ce récit inséré d'abord à titre de leçons dans l'ancien

1. *Apologie*, deuxième édit. Sommaire des preuves, IX, p. 82.
2. *Acta SS.* tom. III sept. *De sancta Regina.* Comment. præv. nᵒ 11. — Cf. Ansart, *Hist. de sainte Reine*, p. 280.—*Hist. litt. de France*, tome X ; addit. et correct. xLvI-xLvII.—Nous avons déjà traité ce sujet dans notre *Vie de sainte Reine*, p. 262.

bréviaire de l'abbaye de Flavigny, fut plus tard publié par D. Viole, Mabillon et les Bollandistes. [1]

L'édition de D. Viole est la plus ancienne. Elle est aussi la plus complète. Car les Bollandistes et Mabillon avant eux ont cru devoir passer sous silence les quelques lignes relatives au siège d'Alise par César, tandis que D. Viole les a transcrites *ex integro*, et nous a conservé par là même un nouveau témoignage de la croyance du neuvième siècle au sujet de l'emplacement de l'*oppidum* des Mandubiens.

Nous les transcrivons à notre tour parce que la seconde édition de l'*Apologie* de D. Viole est devenue très rare :

LECTIO V. — Ne vero lateat eversionis Alesiæ causa, diligens lector noverit fortissimum Imperatorum Romanorum Julius (sic) qui postmodum monarchiam obtinuit, et totum pene orbem maximis bellis et viribus Romanæ ditioni subegit, ut ipse in libro belli Gallici scribit, post domitam Galliam constitisse et conspiratione Gallorum rebellionem passum omnium civitatum, quæ simul omnes suas vires contra eum effuderant, maximis operibus plurimisque congressionibus pariter superasse, et contra suam naturam quam lenem jactabat in auctores seditionis atque conjurationis acerbius animadvertisse, eo que..... securi percussisse; civitatemque ne quid simile deinceps moliretur diruendam curasse.

LECTIO VI.—Hæc ex memoratis libris belli Gallici diligentius innotuerant, quorum priores ipse, posteriores Hircius Pansa notarius ejus composuit. Situs exædificandæ, ut cernentes judicare possunt, opportunissimus est; sed utrum instauratio ejus deinceps ab aliquo inchoata sit, aut peracta, nulla quæ ad nos pervenerunt monumenta docuerunt. Verum ad propositum a quo paululum digressi sumus, revertamus.

M. le docteur de Bouriane, réveillant dans la *France littéraire*, du 6 décembre 1862, une vieille querelle un moment assoupie, disait au sujet d'Alise : « Oui, l'autorité de Plutarque et de Dion Cassius est mise de côté. MM. de l'Institut lui préfèrent de beaucoup celle d'un moine du nom de

---

1. *Apologie*, deuxième édit. preuv. IX, p. 113. — Mabillon, *Acta Benedictina*, t. VI, p. 240. — *Acta SS.* tom. III sept. *De sancta Regina, translatio*, etc.

Herric »; et il déblatérait contre « ce faussaire que l'Institut couronne dans sa séance du 7 août 1857 ; qui, dans ses vers du neuvième siècle, plus obscurs que leur siècle, assied commodément *Alesia* à côté de son cloître, sur le plateau de Sainte-Reine en Bourgogne. »[1]

Nous ne nous amuserons pas à relever les inexactitudes dont fourmille ce court extrait : nous nous contenterons de remarquer que le cloître d'Auxerre, où enseignait Herric, ou plutôt Heiric (Heiricus), était passablement loin du plateau de Sainte-Reine ; et que le pieux historien de saint Germain n'était pas le seul, au neuvième siècle, qui identifiât l'*Alesia* de César, avec l'*Alesia* illustrée par le martyre de la fille de Clément.

XII

On trouve dans le *Manuel des pèlerins de Sainte-Reine, d'Alise,* publié par Ansart, p. 92 : « Hymni tres in honorem sanctæ Reginæ, virginis et martyris, DD. Ludovici Donii d'Attichy, Æduensis episcopi jussu editi; Semurii apud Claudium-Antonium Michard, typographum, 1723. »[2]

Si ces hymnes furent éditées en 1723, elles remontaient cependant à une époque antérieure. C'est ce qu'il est facile de conclure, en remarquant qu'elles furent éditées par ordre de Mʳᵉ Louis Dony d'Attichy, transféré du siège épiscopal de Riez à celui d'Autun, le 18 janvier 1653, et mort le 30 juin 1664[3]. C'est donc dans cet intervalle qu'il faut placer la première édition des trois hymnes : *Orbis exultans modulante lingua... Virgo cœlesti sociata sponso... Jam suos victa feritate prætor...*

Mais il n'est pas impossible de préciser davantage cette

---

1. *Alesia,* p. 164, col. 2.
2. P. 92.
3. *Gall. Christ.* t. IV, col. 428.

date. En effet, nous savons par le procès-verbal de la translation des restes de sainte Reine, opérée le 25 mars 1659, que « pendant laquelle solennité plusieurs vers ont esté récitez à la louange de laditte sainte, tant avant laditte procession, qu'au retour d'icelle. » Un procès-verbal plus explicite rédigé par le même notaire, ajoute que « la messe finie, treize jeunes hommes de Semur et de Flavigny, et quatre damoiselles..... récitoient *plusieurs poésies latines et françaises* composées à la louange de sainte Reine, lesquelles furent mises dans la châsse avec les procès-verbaux pour l'édification des siècles à venir. » [1]

On lit d'autre part, dans un manuscrit des archives de la Côte-d'Or intitulé : *Inventaire, Mépart, Flavigny, I :* « Plusieurs odes de Ste Raine..... en la translation du 25 mars 1659, des ossemens de la Ste Dame, dans une châsse d'argent, composez par D. Hilarion Durand et dom Gabriel Brosse, moynes bénédictins. »

Odes et *poésies latines* pourraient bien être les *Hymni tres,* dont l'origine se posait tout à l'heure à nous comme un problème, et dont les strophes composées de trois vers saphiques et d'un vers adonique rappellent les plus belles odes d'Horace.

Dans cette hypothèse, les *Hymni* remonteraient au commencement de l'année 1659 et seraient l'œuvre de deux enfants de saint Benoît.

D. Gabriel Brosse occupe une place distinguée dans l'*Histoire littéraire de la congrégation de Saint-Maur,* et le public lui doit entre autres ouvrages, des *Hymnes sur différents sujets pieux,* imprimés en 1650. [2]

Quant à D. Hilarion Durand, c'est sans doute le seul ouvrage qui puisse lui être attribué.

---

1. *La Vie de sainte Reine d'Alise,* p. 277, note 1.
2. D. Tassin, *Hist. litt.,* p. 119.

XIII

Édouard Cléder, dans sa *Notice sur la vie et les ouvrages de P. de Corneille Blessebois*[1], avait déjà signalé « *le Martyre de la glorieuse sainte Reine d'Alise*, tragédie (en cinq actes et en vers) composée par un religieux de l'abbaïe de Flavigny, » et nous avons nous-même donné un aperçu de cette pièce dans notre *Vie de sainte Reine d'Alise.*[2]

Il en existe deux éditions dans la bibliothèque de l'Arsenal.

La première, inscrite sous le n° 11601, est intitulée : « *le Martyre de sainte Reyne d'Alise*, tragédie composée par un religieux de l'abbaïe de Flavigny, où repose le corps de sainte Reine. Première édition. A Châtillon-sur-Seine, par Claude Bourut, imprimeur et libraire de la ville, 1687, avec permission. » C'est un volume de 64 pages, petit in-8°, avec vignette dans le titre et gravure au revers.

Jaloux apparemment des succès de Hugues Millotet, le chanoine de l'église collégiale de Flavigny, qui avait composé quelques années auparavant, en 1664, *le Chariot de triomphe tiré par deux aigles, de la glorieuse, noble et illustre bergère S*[te] *Reine d'Alise..., tragédie*, le bénédictin anonyme a fait appel à toute sa science et déployé toutes les ressources de son esprit. Aussi met-il en scène les personnages les plus divers et les nationalités les plus opposées. Pour s'en convaincre, il n'y a qu'à consulter la liste des « personnages qui paroissent en la tragédie. » Saint Révérian, évêque d'Autun, sainte Reine, saint Théophile, son confident, sainte Blonde, sa mère nourrice, qui font partie de ce que l'auteur nomme la première bande, interviennent comme les interprètes et les glorieux tenants de la religion persécutée ; Olibre et les deux généraux Carause et Lucile, Théopiste, pontife, prêtre des

1. Paris, A. Aubry, M DCCC LXII, p. xxxvii.
2. P. 150.

idoles, le divin Kilie qui porte des oiseaux dans une volière, rappellent la puissance de Rome et les aberrations du paganisme ; Clément, roi de Senevois, père de sainte Reine, Hildéric, prince d'Austrasie, Albain, roi de Bretagne, Charles, duc d'Aquitaine, représentent les peuples de la Gaule qui, tout en subissant le joug du vainqueur, avaient conservé un reste d'indépendance et une ombre d'autonomie. Sunon, prince saxon, Hildegarde, son lieutenant, sont là comme la personnification des barbares, dont les hordes sans cesse renaissantes finiront par triompher de Rome et de la Gaule, en attendant qu'elles soient à leur tour vaincues et disciplinées par l'Église. Enfin pour dramatiser davantage son œuvre et lui donner plus d'ampleur, l'auteur évoque les puissances de l'abîme, et d'une « gueule d'enfer » fait sortir des démons et des furies qui travaillent aux préparatifs du martyre de sainte Reine et s'amusent à battre le pauvre Kilie en guise d'intermède.

Je n'ai pas l'intention d'analyser ici cette pièce, dont les scènes multipliées forment cinq actes complets. Je me contente d'ajouter, à titre de renseignement bibliographique, que le texte est suivi de la *liste des personnages,* de quelques détails sur la disposition du théâtre et d'un dessein de la tragédie *plus au racourci.*

Le second exemplaire porte le n° 10743, on lit sur le titre « Nouvelle édition, à Chastillon, par Claude Bourut, 1691. » C'est un volume de 69 pages, du même format que le précédent, avec vignette dans le titre et gravure sur le revers. Une troisième gravure occupe le revers de la page 69. Après une *épistre* dédicatoire à sainte Reine, l'auteur donne une *préface* dans laquelle il indique la source où il a puisé et le modèle qu'il s'est choisi. On ne croirait guère en le lisant qu'il ait voulu imiter Corneille, et cependant c'était son but : il le déclare formellement. « Cette histoire du très-illustre martire de la glorieuse vierge saincte Reine est tirée de ce qu'a écrit dom Georges Viole, religieux bénédictin de la

congrégation de Saint-Maur. Comme il a été convenable
d'en rendre la représentation agréable au peuple, j'y ai inséré
quelques fictions selon l'art de la poésie, pour l'ornement
du téatre, à l'imitation de Corneille, en son *Polieucte* et
autres tragédies. »

A la suite de quelques pages préliminaires consacrées au
dessein de la tragédie plus long ou *plus raccourci*, on trouve
un épigramme ainsi conçu :

Utriusque tragœdiæ Sanctæ Reginæ authori,
Epigramma.

I vatum male sana cohors : cane turpia vane
Facta Jovis, quonam imbre fluens penetravit ad arces
Acrisias; celebra obscœnos languentis amore*t*
Amphitrionadæ; Getuli ut pelle leonis
Deposita, et duræ nodoso robora Clavæ,
Feminea infrueto versarit pollice fusa:
Præstat Christiadum celebres ornare triumphos,
Quorum fama frequens totum circumvolet orbem.

Il ne faut pas imputer à l'auteur la ponctuation vicieuse
et les mots défigurés que l'on rencontre dans cet épigramme;
c'est évidemment la faute du typographe. Le lecteur intelli-
gent n'aura pas de peine à y remédier et à lire *obcœnos* pour
obscœnos, amores pour *amoret, amphitryoniadæ* pour *amphitrionadæ, robore* pour *robora, feminea* pour *femina, insueto*
pour *infrueto.*

Cléder prétend que cette nouvelle édition parut en 1690;
mais c'est 1691 qu'il faut lire.

Le même auteur signale une « troisième édition, 1692, »
et une édition plus récente publiée à « Chastillon, 1722. »

XIV

Dom Antoine Guyard, né et baptisé à Saulieu le vendredi 25 janvier 1692, prononça ses vœux de religion chez les bénédictins de l'abbaye de Vendôme, le 28 octobre 1711, et mourut à Saint-Bénigne de Dijon, le 25 août 1760.

Il a laissé un nom dans l'*Histoire littéraire de la congrégation de Saint-Maur,* et nous avons nous-même donné sa biographie et la liste complète de ses ouvrages dans le *Bulletin d'histoire et d'archéologie religieuses du diocèse de Dijon.* [1]

Contentons-nous de rappeler ici son « *Histoire du culte et pèlerinage aux reliques de sainte Reine d'Alise,* qui se voyent dans l'abbaye de Flavigny en Bourgogne, avec quelques avis, instructions et prières en faveur des fidèles qui désirent de se procurer sa protection. L'on donne par occasion des règles sur les motifs, la fin et les devoirs du pèlerinage. A Avignon, M. DCC. LVII. » [2]

S'il vous arrive d'écrire quelque chose, disait Horace,

> Gardez le manuscrit au moins pendant neuf ans,
> Et qu'il ne prenne point l'essor avant ce temps. [3]

C'est ce que fit D. Guyard pour son *Histoire.* Elle était complètement achevée vers la fin de 1747. Car, au P. Suysken qui, de la maison professe d'Anvers, où il commentait les actes de sainte Reine, insérés depuis dans les *Acta sanctorum*[4], demandait quelques renseignements sur les miracles opérés par les mérites de la sainte, D. Pierre Surget, prieur de l'abbaye de Flavigny répondait, entre autres choses, le 11 décembre de la même année : « Nous avons un

---

1. Deuxième année, 3e livraison, p. 108-118.
2. 142 pages in-12, sans compter l'épître dédicatoire et l'avertissement.
3. *Ars poetica,* v. 388.
4. T. III, septembris.

manuscrit qui a pour titre : « *Histoire du culte et pèleri-*
» *nage des reliques de sainte Reine,* qui sont en dépôt
» dans l'abbaye de Flavigny, avec quelques avis, instructions
» et prières salutaires, en faveur des fidèles qui désirent
» d'attirer sur eux les effets de sa puissante protection. » Si
Votre Révérence juge qu'il puisse être utile au public, et le
faire imprimer sous un autre nom que celuy de bénédictin,
j'en feray faire copie, et vous l'envoyrai par quelque officier
de campagne en Flandre. Nous n'avons pas voulu le faire à
cause du voisinage des RR. pères Cordeliers avec lesquels
on vit d'intelligence, quoy qu'on souffre avec peine qu'ils
abusent de la crédulité des peuples, en exposant et soute-
nant qu'ils ont un bras de la véritable sainte Reine : les
preuves dans ce petit manuscrit sont démonstratives contre
eux : vous en jugerez par vous-même si vous souhaités le
voir. Il contient un avertissement préliminaire et six chapitres ; le tout peut occasionner soixante et douze pages
d'impression [1]. » L'envoi fut fait, puisqu'on trouve la copie
susdite dans la bibliothèque des Bollandistes, au collège
Saint-Michel, à Bruxelles, où nous avons pu l'examiner à
notre aise au mois de janvier 1880. [2]

Mais dix ans s'écoulèrent encore avant la publication de
l'ouvrage, qui parut à Avignon en 1757. Voici dans quels
termes D. Jacques Amiens a consigné cet événement dans
son *Journal,* au mois de mars de la même année : « Cet
ouvrage en brochure, dit-il, est composé par un religieux de
notre communauté, nommé dom Guyard... plusieurs exemplaires en ont été distribués, et se vendent 12ˢ chez le
sʳ Leclerc marchand à Flavigny. »

Il est dédié *à Monsieur Jean de Piolenc, abbé commenda-*
taire de l'abbaye de Flavigny en Bourgogne, qui méritait bien

---

1. *Recueil de mss. relatifs aux Acta Sanctorum,* conservé dans la bibliothèque
des Bollandistes, t. XXXIX ; septembre 6-7, p. 622.

2. Ibidem, p. 533.

cet honneur par sa naissance et ses qualités personnelles. Cette fois, l'épître dédicatoire est signée : Fr. A. G. B. Le sens de ces lettres est facile à deviner : elles désignent évidemment *frère Antoine Guyard, bénédictin.*

L'auteur a montré dans ce nouvel ouvrage la même sévérité, nous dirions volontiers la même exagération, dont il avait déjà donné des preuves dans ses précédents ouvrages. « Avouons-le donc de bonne foi, dit-il (car la piété et la religion n'ont besoin pour s'établir et régner sur les cœurs, ni du secours des conjectures, ni de celui de l'invention et du mensonge), avouons-le, dis-je, de bonne foi ; nous n'avons aucun témoignage autentique et capable de nous guider surement au sujet de la naissance et de la vie de sainte Reine, non plus que de la manière dont elle a été martyrisée[1]. » Mais c'est aller vite en besogne, et si, comme le déclare Ansart, « dom Viole, dans sa *Vie de sainte Reine,* a montré trop de crédulité, dom Guyard, dans l'*Histoire de son culte,* n'en a pas eu assez[2]. » Cette *Histoire* ne doit donc être lue qu'avec une certaine réserve. Il est bon de remarquer néanmoins que la partie consacrée à l'histoire du culte proprement dit, et au *Précis de la contestation élevée entre les pères Cordeliers et les Bénédictins de Flavigny, au sujet des reliques de sainte Reine,* est précieuse par les documents qu'elle renferme. On peut la parcourir sans défiance aucune et même avec un certain fruit. Pour nous, nous n'hésiterons pas à reconnaître qu'elle nous a été d'un grand secours pour la composition de la *Vie de sainte Reine d'Alise.* [3]

---

1. Page 10.

2. *Hist. de sainte Reine,* p. 88, note 1. — Cf. Préface, p. vii.

3. Cf. p. 139, et surtout p. 289 et suiv.

XV

Dom Athanase Dormay, l'un des premiers prieurs de l'abbaye de Flavigny, après son union à la congrégation de Saint-Maur, « composa en 1666 un *Traité de la célébration de la Pâque*. Il prouve savamment que Cluvérius, qui a dressé les tables paschales du bréviaire, a mal à propos marqué Pâque cette année le 25 avril; qu'il fallait le mettre le 25 mars, comme le dimanche d'après le 14 de la lune du premier mois, suivant l'ordonnance du droit canon. La lune du premier mois est celle dont le premier jour est le plus proche de l'équinoxe. Or cette année, le premier jour de la lune qui arriva le 5 mars vingt heures vingt-cinq minutes, est plus proche du 21 de mars que celle qui arriva le 4 avril quinze heures cinquante-cinq minutes. Il prouve son système par d'autres bonnes raisons. » [1]

Cette note que j'emprunte à l'*Histoire de l'abbaye de Flavigny*, par Ansart, est la reproduction d'une autre qui fait partie de la *Chronique* de D. de la Salle; et c'est la seule allusion connue aux travaux littéraires de D. Dormay : car ni Philippe Le Cerf de la Viéville, ni D. Tassin n'en font mention.

XVI

Entre les ouvrages éclos à l'ombre de l'abbaye de Flavigny et capables d'éclaircir des points particuliers de son histoire, il faut ranger en première ligne les livres liturgiques. Pour juger de leur importance nous n'avons qu'à nous rappeler le prix que les religieux eux-mêmes y attachaient. Quand on fuyait devant une invasion, si on parvenait à emporter le corps du saint patron, les vases de l'autel

1. P. 438.

et les livres du monastère, on estimait que tout était sauf,
ou du moins on attendait plus patiemment des jours meil-
leurs et des temps moins agités. [1]

De tous ces livres, consacrés par la religion, et non moins
précieux par leur antiquité que par les renseignements de
toute nature qu'ils pourraient fournir, il ne reste plus
maintenant dans son intégrité que le *Nécrologe* de l'abbé
Hugues. Nous en avons parlé suffisamment plus haut pour
nous dispenser d'y revenir. [2]

On connaît le sort du *Martyrologe*. Le *Livre contenant les
choses notables*, commencé par D. Antoine Lucet, nous apprend
qu'il devint en 1642 la propriété des pères Jésuites, qui en
enrichirent la bibliothèque de leur collège de Clermont, à
Paris. Qu'est-il devenu depuis la vente et la dispersion de
cette bibliothèque? A-t-il suivi en Angleterre la *Chronique* et
le *Nécrologe* de Hugues, c'est ce qu'il ne nous a pas encore
été donné de savoir.

Il en reste quelques rares et courts fragments dont les
uns ont été extraits et imprimés par Duchesne dans les
preuves du livre I de l'*Histoire de la maison de Vergy* [3]; par
D. Viole, dans son *Apologie* [4], ou par Ansart, dans son *Histoire de sainte Reine et de l'abbaye de Flavigny* [5]. Le manuscrit
de la bibliothèque de la ville de Châtillon-sur-Seine intitulé
Documents concernant Flavigny, Montbard, etc., en renferme
quelques autres. De tous ces débris, celui qui mentionne
le martyre et la translation de sainte Reine est le plus
considérable; c'est-à-dire qu'ils sont presque insignifiants.

Un monument liturgique dont la perte est encore plus
regrettable, parce qu'il offrait une plus grande valeur, c'est

---

1. E. Bougaud, *Chronique de l'abbaye de Saint-Bénigne*, p. xix.

2. Voir nº II.

3. Preuve X, p. 120.

4. Première édition, p. 31 et 75; deuxième édition, p. 67.

5. P. 17, 219, 240, 246, 248.

A. F.

l'ancien *Lectionnaire*, qui contenait la vie des saints fêtés dans l'abbaye. On sait déjà comment D. de la Salle « trouva moyen de vendre tous les gros livres de chœur manuscrits dont on se servoit auparavant que l'on eut introduit les livres imprimés, et toutes les légendes écrites en parchemin et vélin, dont il chargea un asne qu'il fit conduire à Dijon, et qu'il vendit au sieur Palliot et autres libraires et relieurs, réservant seulement un cahier dans lequel est escrite la vie de sainte Reine. »

D. Amiens prétend que ce bréviaire « est écrit depuis plus de 500 ans[1]. » Comme il écrivait lui-même de 1742 à 1774, c'était faire remonter le bréviaire au treizième siècle. M. J. Quicherat, professeur à l'École des chartes, lui assignait une origine encore plus respectable en le faisant remonter au moins au douzième[2]. D. de la Salle le vendit sans égard pour son âge, ni pour les légendes qu'il contenait. Celle de sainte Reine seule fut épargnée. Mais on la chercherait en vain de nos jours. C'est une raison de plus pour en signaler les copies encore existantes.

D. Viole en a reproduit les premières lignes dans la seconde édition de son *Apologie*.[3]

Le recueil des manuscrits qui ont servi de base aux *Acta Sanctorum*, recueil en grande partie conservé dans la bibliothèque des Bollandistes, en contient une copie complète, à la suite de laquelle on peut lire ces lignes : « Præfatam vitam exscripsit domnus Georgius Viole, Benedictinus Congregationis sancti Mauri, ex vetustissimo ms. abbatiæ Flaviniacensis. Ita testatur F. Lucas Dacherius[4] ejusdem Congregationis asceta, die 10 januarii 1654. » Mais cette

---

1. Bibliothèque de la ville de Semur-en-Auxois, ms. n° 74.

2. *L'Alesia de César rendue à la Franche-Comté*. Paris, L. Hachette, 1857, p. 7.

3. Preuve IV, p. 94. — Regina fuit cujusdam patris gentilis filia, quæ fuit illi unica, etc. — Mais, comme nous l'avons fait remarquer dans *la Vie de sainte Reine*, p. 95, ce fragment ressemble plus aux actes de la sainte par le pseudo-Théophile, qu'aux leçons de l'ancien bréviaire.

4. D. Luc d'Achery.

copie n'est à vrai dire, qu'une copie de seconde main; celle de D. Viole était restée au pouvoir du P. Louis Jacob de Saint-Charles. C'est du moins ce qui résulte d'une autre note ainsi conçue : « Misit Parisiis, 30 martii 1654, P. Carol. Thiersault. Descripserat ex ms. P. Ludovici Jacob, Renatus Frain, theologus. »

Indépendamment de cette copie, le regretté P. Remi de Buck nous en a fait voir une autre moins complète, qui ne porte aucune trace de division liturgique et qui, au lieu de commencer comme la précédente par les leçons de la vigile, commence par celles de la fête : « Regina fuit cujusdam Clementis... »

Dans l'appendice de *la Vie de sainte Reine*, p. 457, nous avons donné intégralement les trois leçons de la vigile.

Quant aux leçons du jour, nous n'avions pas jugé à propos de les publier parce qu'elles nous semblaient faire double emploi avec les actes du pseudo-Théophile. La *Bibliographie catholique*, par l'organe de dom François Plaine[1] ayant exprimé le regret de ne pas les voir figurer dans les pièces justificatives, nous les donnons à la suite de ce nouveau travail, en les faisant précéder des leçons de la vigile.

De la sorte, le lecteur aura sous les yeux le prologue et le récit de *la Vie de sainte Reine*, tels qu'ils furent, pendant des siècles, répétés par les bénédictins de l'abbaye de Flavigny.

L'office de la vigile et du jour de la fête de sainte Reine n'est pas le seul débris qui reste de l'ancien *Lectionnaire*. D. Viole nous en a conservé quelques autres qu'il est bon de signaler.

C'est ainsi que nous trouvons, page 96, de son *Apologie*, 2ᵉ édition, nᵒ VI, des « Leçons de l'ancien Bréviaire de Flavigny, durant les octaves de saincte Reine. »

Plus loin, page 113, nᵒ IX, on lit les « Leçons du bréviaire

---

1. Nᵒ du 4 octobre 1882, p. 335.

de Flavigny, pour le jour de la translation de sainte Reine
au 21 mars. »

Les Bollandistes ont reproduit les unes et les autres dans
la partie des *Acta Sanctorum* qu'ils ont consacrée à la vierge
et martyre d'Alise. [1]

Nous avons nous-même essayé de les traduire et d'en
donner le sens véritable dans la *Vie de sainte Reine d'Alise*. [2]

On sait comment un décret du concile de Trente supprima
la plupart des anciens bréviaires monastiques. L'abbaye de
Flavigny dut, comme ses sœurs, accepter le bréviaire imposé
par Pie V, et se contenter d'un *propre,* dont Pierre des
Dames nous a révélé la composition [3]. Il n'en reste plus
aujourd'hui à notre connaissance que l'*Office de sainte Reine,*
conservé par Ansart, dans son *Manuel du pèlerin de sainte
Reine d'Alise* [4], et successivement reproduit, il y a quelques
années, par M. l'abbé Quillot, dans ses *Études* sur la même
sainte, et par M. l'abbé Lamey dans la plaquette intitulée :
« *Sanctæ Reginæ virginis et martyris officium monasticum,
missaque propria ad usum abbatiæ Flaviniacensis dispositum*
a R. P. domno Hugone Vaillant, monacho benedictino Congregationis S. Mauri. » [5]

Le *Missel* de l'abbaye n'a pas laissé plus de traces que le
Martyrologe et le *Lectionnaire*. C'est à peine si nous sommes
sûrs de posséder aujourd'hui l'ancienne messe de sainte
Reine. Il est vrai qu'il en existe plusieurs. Dans les pièces
justificatives de la *Vie de sainte Reine* nous en avons reproduit deux : l'une tirée d'un missel du quinzième siècle, provenant de l'église Saint-Jean d'Herford en Allemagne; et
l'autre transcrite à la bibliothèque de l'Arsenal, sur un petit
volume gothique, qui commence par la *Vie et Légende de*

1. Tom. III, septembris, *De sancta Regina.*
2. P. 318.
3. N° VII.
4. P. 181.
5. Cistercii, 1881.

Madame saincte Reigne[1]. S'il est vrai, comme le dit D. Viole que les pèlerins qui se rendaient à Sainte-Reine demandaient volontiers copie de l'office de la sainte pour l'introduire dans leur pays[2], nous pourrions supposer que ces deux messes avaient été primitivement empruntées au *Missel de l'abbaye de Flavigny*. Mais elles sont loin de s'accorder; et il est dès lors difficile de savoir au juste quelle est celle qui se rapproche davantage du texte original.

L'abbaye possédait deux *Cérémoniaux :* l'un plus ancien, écrit sur parchemin; et l'autre plus moderne, vraisemblablement écrit sur papier. Le seul fragment qui en reste, c'est peut-être l'ordre de la procession qui se faisait chaque année de Flavigny à Alise, le dimanche de la très sainte Trinité. Nous avons eu la bonne fortune d'en rencontrer une copie authentique; et nous la transcrivons comme un spécimen des rites particuliers à cette cérémonie, dont le souvenir n'a pas complètement disparu de l'Auxois.

Exceptum ex ceremonialibus antiquo et novo monasterii Sancti Petri Flavigniacensis, quorum primum in pergameno exaratum est.

Dominica Sanctissimæ Trinitatis.

Fit processio ad Alexiam. Sed antequam ejus ordo prescribatur, nonnulla præmittenda sunt.

1º Debet tantum institui ad postulationem civium et magistratuum urbis, qui in hunc finem octo vel circiter diebus antea venire debent ad monasterium, una cum Dominis vicario perpetuo et duobus societariis quorum votis annuitur, ea lege ut promittant viros armandos qui sacras Reliquias tam in itinere quam in statione apud Alexiam custodiant compescantque tumultum populi.

2º Tribus aut quatuor diebus ante statutum diem monebuntur Franciscani de adventu processionis futuro, et rogabuntur ut omnia ad majus sacrum celebrandum disponant, etc.

Omnibus ad discessum paratis, sic procedit processio. Primo procedunt homines armati cum vexillis et timpanis resonantibus[3].

1. *Vie de sainte Reine*, p. 466.

2. *Apologie*, 2ᵉ édit., p. 38.

3. Nota hos homines a vicario perpetuo et societariis institutos et directos nobis inconsultis et id duntaxat tolerantibus.

Deinde vexilla Sti Genesii aliarumque parochiarum si quæ sint; tum duodecim homines Apostolos representantes. Hos sequentur puellæ deferentes sacras reliquias humeris suis........ Reliquia Sti Andreæ Apostoli solet prima incedere post reliquias tamen parochiæ; deinde cæteræ per ordinem in porrectam seriem, ita ut Reliquiæ Stæ Reginæ ultimo incedant. Præsertim cor ejus defertur ante puellam deferentem catenam ejusdem; postea crux parochiæ, societarii, vicarius perpetuus. Crux nostra cum ceroferariis et thuriferario, precedente maxerio; hos sequuntur reliqui fratres. Postea cantores; ultimo celebrans medius inter diaconum et subdiaconum, gestans parvam crucem, etc.

Signo dato a præside chori, cantores incipiunt antiphonam *De Jerusalem*, etc...; quam dum fratres ibidem stantes in suis locis cum pluvialibus prosequuntur, celebrans tradet catenam ferream Stæ Reginæ ei puellæ quæ ipsam deferre parata est. Interea incipiunt egredi reliquiæ per medium chorum transeuntes. Antiphona finita, omnibus genuflexis, cantores incipiunt hymnum *Veni Creator*, etc. Et absoluta a choro nostro prima stropha, omnes surgunt, et eadem a capellanis repetitur, quod et observatur in sequentibus hymnis; in psalmis vero cantandis versus dicuntur alternatim. Post hymnum cantantur quatuor psalmi graduales in 6° tono solemni. Deinde hymnus : *Ave maris stella;* tum 4 psalmi graduales. Hymnus : *Orbis exultans modulante lingua*, de Sta Regina; post 4 psalmi graduales. Quæ omnia sufficient si graviter, cum pausis canantur.

In declivi suburbe prope crucem *de la Borde aux Vignes* deponantur pluvialia et *(sic)* in plaustro a consulibus debito usque ad crucem que est prope Alexiam ubi reassumantur. Ad ingressum capellæ Stæ Reginæ cantatur antiphona Stæ Reginæ : *Veni sponsa Christi;* cui celebrans, ante majus altare stans, subdit : ℣ *Diffusa est gratia*, et orationem *Deus qui B. Reginam*, etc.

Interea fratres aliqui comitantur SS. Reliquias usque ad sacellum hospitis pauperum Stæ Reginæ; cujus administratores et capellanus debuerunt rogari per aliquem e nostris ut decenter præpararent ornarentque sacellum præfati hospitii, cum mensis ad sacras reliquias recipiendas, etc.

Missa cantatur solemniter de eadem Sta Regina in paramentis rubeis. Dicitur : *Gloria in excelsis, Credo,* et præfatio *de SS. Trinitate*; et fit commemoratio SS. Trinitatis et Dominicæ, et in fine legitur evangelium ejusdem Dominicæ.

Post missam et ante regressum processionis...omnibus paratis et vicario perpetuo cum societariis præsentibus, celebrans benedicit incensum de more; et statim cantores incipiunt Litanias Sanctorum in tono prolixiori, quibus interseruntur secundum qualitatem suam sequentes sancti : inter martyres : *S. Præjecte, Ste Dionisi*, etc.; inter pontifices, *S. Germane*, etc.; inter confessores, *S. Maiole*, etc.; inter sanctas *Sta Regina*, ter, *S. Margarita*, etc. Cum pervenimus prope crucem infra Alexiam, deponimus pluvialia in plaustro asportanda usque ad portam urbis, in cujus introitu iis reassumptis intonatur a celebrante hymnus : *Te Deum laudamus*, qui alternatis versibus canitur a religiosis et capellanis, et absolvitur in navi nostræ ecclesiæ, cui subjungit celebrans versus et orationes sequentes :

℣. *Ora pro nobis*, etc. ℣. *Exultabunt sancti*, etc. ℣. *Diffusa est*, etc. ℣. *Dominus vobiscum*, etc. Oremus: *Concede nos*, etc. *Propitiare*, etc. *Deus, qui beatam Reginam*, etc. *Actiones nostras*, etc. *Per Dominum nostrum*, etc. ℣. *Benedicamus Domino. Adjutorium nostrum*, etc. *Sit nomen Domini*, etc. *Benedicat vos omnipotens et misericors Deus pater et filius et Spiritus sanctus*. — Convertens se ad populum ad illa duo ultima verba et illum benedicens, cruce quam præ manibus gestat.—De mandato capituli : Fr. Joannes-Bapt. Grandiean [1], scriba, avec paraphe.

Nous avons accompli la tâche que nous nous étions imposée dans l'intérêt de l'*Histoire de l'abbaye de Flavigny*, qui touche de si près à l'histoire de l'Auxois et de la Bourgogne, et par conséquent de la France elle-même.

Le lecteur a maintenant une idée des sources principales de cette histoire, considérée soit dans son ensemble et ses grandes lignes ; soit dans ses phases les plus saillantes et ses épisodes les plus remarquables. Il sait également à quoi s'en tenir sur les livres liturgiques dont nous avons été assez heureux pour rencontrer quelques débris.

Le mouvement historique qui date de l'établissement de la congrégation de Saint-Maur a laissé des traces plus nombreuses, et les œuvres émanées de l'ancienne abbaye sont plus rares. Mais nous osons dire qu'elles ont plus d'importance tant à cause de leur antiquité, que du caractère religieux dont elles portent l'empreinte.

---

1. Le nom du P. Grandiean figure, p. 13, dans la *Signification faite de la part de messieurs les religieux bénédictins de Flavigny aux PP. Cordeliers de Sainte-Reyne*, etc..., le 6 sept. 1688. — Catalogue de la bibliothèque de M. le vicomte de Vesvrotte, n° 277.

Les unes ont déjà vu le jour; les autres sont encore manuscrites. Toutes prouvent que l'abbaye de Flavigny, comme les autres monastères, a contribué pour sa part à sauver les lettres du gouffre où elles avaient fait naufrage avec l'empire romain, comme plus tard elle a maintenu leur prestige à travers la période si tourmentée mais si féconde du moyen âge.

APPENDICE

EXTRAITS DE L'ANCIEN BRÉVIAIRE DE L'ABBAYE DE FLAVIGNY

I

Le premier extrait provient de la bibliothèque des Bollandistes à Bruxelles : *Recueil des manuscrits relatifs aux* Acta Sanctorum, tom. XXXIX, sept. 6-7, p. 521. C'est la reproduction de la copie de René Frain, dont nous avons parlé plus haut, page 82-83.

IN VIGILIA SANCTÆ REGINÆ

LECTIO I.—Post triumphos apostolorum, illustresque ac multiplices martyrum coronas, cum adhuc respublica Romanorum christianitatis cultum aspernaretur et obstinate falsorum deorum venerationem præferret atque deffenderet, quidam Theophylus christianus, ut ipse prodidit, gesta Olibrii præfecti ad se pertinentia, data non magna pecunia lucratus est a notariis ejusdem, suppressis tamen, quod non debuit, imperatoribus vel imperatore.

LECTIO II. — Ostendit enim illa relatione quemadmodum Regina, martyr et virgo præclara, pro Dei nomine persecutionem ejusdem Olibrii passa sit, qualiterque cum martyrio victrix evaserit.

LECTIO III. — Idem autem accuratius repetere et copiosius exequi compulsi sumus, ut severius ac delectabilius eadem notitia sensibus legentium imprimeretur. Verum quia nonnullis minus gratum compertum est si totum semel dicatur, quam si paulatim atque membratim omnia explicentur, ut satisfaciamus moremque geramus talibus, rei gestæ seriem modumque, juxta ordinem a Theophylo vel notariis comprehensum, curabimus enarrare.

IN DIE SANCTÆ REGINÆ

LECTIO I. — Regina fuit cujusdam Clementis pagani filia, quæ fuit illi unica. Mater brevi post ejus ortum decessit. Recens orta infantula foris cuidam christianæ tradita est ad educandum, non longe ab Alesia civitate. Pater oderat filiam eo quod eam alterius Religionis esse deprehenderat. Eadem vero dilecta erat Domino Jesu Christo, qui in ea gratum sibi habitaculum martyrii præparabat. Nam cum esset annorum quindecim, et spatiaretur in suæ nutricis habitaculis, omnium sanctorum martyrum certamina (quæ jam tunc plurima vulgo ferebantur), attentius audiebat, illudque tempus turbulentum fervebat effusione sanguinis sanctorum martyrum, qui tyrannorum magis quam imperatorum sævitia, pro Christi nomine trucidabantur. Quæ res multum formidolosa, sanctæ Reginæ erat desiderabilis, propter spem quam jam Dei gratia possidebat.

LECTIO II. — Ea tempestate, Olibrius præfectus de civitate Marsilia progressus, parere cupiens persecutorum imperiis, petebat Alesiam Christianis infensus, quorum suppliciis pascebatur. Interim sancta Regina, innocentiæ dans operam et simplicitati, in alendis et educandis gregibus nutricis, quam in loco matris colebat, occupabatur, et cum æqualibus sancti Jacob curam repræsentabat antiquam. Quam præfectus, comitante officio, dum in curru sedens veheretur, aspexit puellam gratissimis luminibus, ac totius formæ habitudine admodum speciosam, jubet e vestigio illæsam ad se adduci; asserens quod si esset libera, illi futura esset uxor; sin autem cujuscumque ancilla, ob conditionis indignitatem concubina, eique multa commoda conferenda propter ingenitam pulchritudinem.

LECTIO III. — Inter comprehendendum clamitabat nova ancilla Christi, et his verbis inclamabat suæ pudicitiæ defensorem : Domine Jesu Christe, ne me derelinquas, ne sinas animam meam contaminari; ne polluatur fides mea; ne coinquinetur corpus meum; ne mea sententia permutetur; ne exponatur margarita in lutum porci; ne auferatur[1] sensus meus ad turpitudinem et insipientiam diaboli; sed mitte mihi assistricem sanctæ sedis tuæ sapientiam, et aperi os meum ad respondendum cum fiducia; et fac me consistere sine timore ad omnem quæstionem malignam impii hujus. Ecce video me sicut ovem in medio luporum, et sicut passerem in laqueo, et sicut damulam in retibus, et sicut piscem inter piscatores. Adjuva me, Jesu Christe, et salva me. Istiusmodi sermones præsidi milites referentes potestati

---

1. Lire : *offeratur.*

ejus cum illa posse convenire pernegant, quod non esset cultrix deorum, sed sublimem quemdam habitatorem Dominum invocaret.

LECTIO IV. — Tunc Olibrius, vultu mutato, jussit stare currum eamque ad se adduci; quam sic alloquitur: Cujus generis es? Regina dixit : Ingenua sum. Præfectus dixit : Quæ diceris vel cujus religionis? Illa inquit : Regina vocor, et Deum omnipotentem adoro et Filium ejus, itemque spiritum sanctum; credo atque confiteor sanctam Trinitatem, unam virtutem et unam substantiam et incomprehensibilem gloriam et insuperabilem. Præfectus dixit : Ergo tu nomen obtines illius Galilæi? Regina dixit : Etiam obtineo si digna sim ut invocetur Dominus Jesus Christus super me et obumbret ac protegat velut suam ancillam et agnam. Tunc jussit illam sub custodia duci in civitatem et includi in carcerem, quousque immolaret et sic publice audiretur. Introgressus autem civitatem Alesiam, fecit immunditiam, immolavit diis solemnibus votis Imperatorum et obtulit secundum consuetudinem. Post triduum sedens publice pro tribunali jussit adduci puellam, et contemplans ejus pulchritudinem, pene dissolutus est libidine. Tunc acrius instans : Cognosce, inquit, Deos, o juvencula, quia misereor tuæ pulchritudinis et teneritudinis. Unde consenti mihi et immola diis et multas pecunias a me consequeris, et bene tibi erit præ omnibus puellis juvenculis. Regina dixit : Cognosce Deum deorum, qui omnes spiritus creavit; ipse me salvabit; quia mihi non suadebis illicita et non discedam a vestigiis Christi Domini. Non pollues templum sanctum meum et in eo positam margaritam animæ meæ. Namque ego magnum Deum adoro, cui immolo sacrificium laudis; Ipsi gloria, Amen.

LECTIO V. — Præfectus dixit : Judicio legum ad plagas traheris et pœnas pessimas patieris, et ipsum corpus tuum tenerum gladius et ignis atrociter consument. Regina dixit : Non potes me terrere tormentis. Nam anima spiritalis est; corpus autem figmentum de limo. Hæc ergo anima subtilioris atque intelligibilis naturæ non dubitat corpus perdere tormentis, pro nomine creatoris. Si Pater omnipotens proprio Filio non pepercit, sed pro nobis omnibus tradidit illum et ipse filius pro nobis tradidit seipsum, quomodo ergo non tradam membra propria pro nomine Domini mei Jesu Christi. Tunc jussit eam expoliari primum et sic in equuleum suspendi et virgis subtilibus cædi· Cumque extendissent eam carnifices in equuleum dolorem non sentiebat; et respiciens in cœlum dicebat : In te Domine speravi, non confundar in æternum; neque irrideant me inimici mei; etenim universi qui sustinent te non confundentur. Respice in me Domine et miserere mei, et libera me de manibus inimicorum meorum; adjuva me Domine et liberentur plagæ meæ, quoniam propter te hoc patior

Lectio vi. — Postquam hæc dixit, accesserunt carnifices et cædebant eam ; præco vero publice vociferabatur dicens : Consenti præfecto et sacrifica diis ; eo quod esset tenera et virgæ erant graciles, incidebant membra ejus ; sanguis vero multus decurrebat ita ut adstantes flerent super eam amarissime, et his sermonibus utebantur : O qualem decorem perdis propter tuam incredulitatem. Iracundus est præfectus et auferet a te memoriam de terra ; sed magis consenti illi et sacrifica,, ut possis evadere tormenta. Quibus vicissim talia reddebat : O mali consiliarii ! O suasores malarum cogitationum ! Quid putatis hoc corpus tenerum cum sit frustra dissipandum et hanc confusionem nuditatis meæ posse superare [1] ? Credo in creatorem omnium Deum, quia multas animas errantes offerre Deo meo cupio per hæc tormenta. Non consentio, non sacrifico. O præfecte, quod vis et quod placet tibi et patri tuo Satanæ imple. Ego autem habeo qui me confortat Christum Jesum.

Lectio vii. — Tunc exagitatus iracundia præfectus jubet exungulari ac lacerari eam a carnificibus. Illa vero respiciens in cœlum dixit : Circumdederunt me canes multi, consilium malignantium obsedit me ; respice in me et miserere mei, conforta me, Christe, et da mihi sanctæ sedis tuæ assistricem sapientiam. Penetret firmamentum oratio mea ; disrumpat cœlos et descendat ad me virtus, ut certem contra adversarios facie ad faciem, et vincere possim, et veniam ad te qui es benedictus in sæcula. Carnifices vero exungulabant latera ejus, ita ut impius et crudelis præfectus chlamide sibi vultum cooperiret et advertere [2] simularet. Adstantes autem populi ubertim flebant, cernentes carnes illius pæne consumptas. Dixit vero præfectus : Quid est Regina? neque tibi potes misereri ; ecce caro tua dissipata est, et membra tua inutilia. Consenti mihi et sacrifica. Impossibile est enim sine tormentis transire, sed educeris ad mortem, si me non audieris.

Lectio viii. — Regina dixit : Parce insipiens et infelix. Si misererer animæ meæ, utique in interitum illam mitterem ; sed ideo carnem tradidi in interitum, ut animam coronatam perducam in cœlum. Post hæc imperavit impius deponi eam et reduci in carcerem. Erat autem hora septima. Deduxerunt autem eam in carcerem occultum non in publicum ; et erat sola intus orans et dicens : Deus deorum, qui judicium inenarrabile decrevisti ; Deus quem contremiscunt omnia sæcula, quem expavescunt omnes potestates desperatorum,

---

1. Leçon exacte mais vicieuse, et qu'il est difficile de rectifier, même en s'aidant des actes parallèles du pseudo-Théophile.

2. Pour *avertere*.

Pater cœli, respice in me quia sola sum. Ecce, Domine, in agone et tristitia sum multa; ecce plagis meis ingemisco; noli mihi irasci; tu scis quia te dilexi; tu scis quia animam meam custodivi propter te; non me permittas pollui; non coinquinetur anima mea, quia tu es custos meus et benedictus in sæcula.

LECTIO IX. — Theophylus autem, loco fratris enutriens eam pane et aqua, permanebat ad fenestram occulte, expectans orationem ejus. Et subito columba apparuit in carcero, et crux erecta est in cœlum usque ad locum ubi stabat sancta puella; et ecce columba stans supra crucem dicebat Reginæ : Ave, Regina, unguentum suavitatis pro orationibus referens; parata est tibi corona gloriæ, et apertus est tibi paradisus; et eris requiescens cum patribus tuis. His auditis beata Regina dixit : Gloria tibi, Domine Jesu Christe, quia manifestasti mihi teipsum, qui apparuisti mihi in certamine. Gloria tibi quia confirmasti virtutem sedis tuæ. Gloria tibi quia fundasti terram super aquas. Deprecor te, Domine, ut præcipias me ablui lavacro immortalitatis sancto, indeficiente, vivificante, incorrupto. Gloria tibi, Deus omnipotens, qui es benedictus in sæcula.

LECTIO X. — Mane vero jubet præfectus exhiberi eam; spiculatores autem deduxerunt eam in prætorium. Sancta autem Regina cum ingrederetur signavit singula membra signaculo Christi. Omnis autem civitas convenerat ad spectaculum. Dixit autem ad eam præfectus : Consenti mihi, puella, et sacrifica diis ut bene tibi sit. Regina dixit : Per salutem christianorum, decebat te esse servum salvatoris Christi et amicum prophetarum et confabulatorem martyrum, non amicum vanitatis idolorum. Præfectus dixit : Expoliate eam et suspendite in equuleo et applicate lampades lateribus ejus. Illis implentibus jussionem et comburentibus latera et cætera membra sanctæ Reginæ, sublevatis in cœlum oculis, dixit : Ussisti, Domine, renes meos et non est inventa in me iniquitas; transeo per ignem et aquam et induxisti me in refrigerium. Cessantibus paulum carnificibus, dixit Reginæ præfectus : Consenti mihi et sacrifica; non enim potest muliercula vincere præcepta imperatorum et conventum omnium deorum. Regina dixit : Non acquiesco, non immolo; non enim potest diabolus castam puellam domini Christi superare; consignavit sibi omnia membra mea Dominus Christus.

LECTIO XI. — Tunc jussit impius præfectus afferri quoddam magnum vas et impleri aqua, et jussit eam deponi de ligno, et alligari manus et pedes, et mitti eam in aquam ut suffocaretur in aqua. Illis autem rursus alligantibus eam, oravit beata Regina : Domine qui habitas in æternum, disrumpe vincula mea ut tibi sacrificem hostiam laudis.

Fiat mihi hæc aqua etiam aqua suavitatis; fiat mihi hæc suffocatio illuminatio salutaris. Fiat mihi lavacrum salutiferum, sanctum, divinum, indeficiens, et indue me salute. Veniat sancta columba, quod est Spiritus Sanctus, supernatans et benedicens aquam istam; et spolians me vetere homine indue me novo qui me renovet et dignam me faciat te laudare in vitam æternam. Confirma fidem meam; clarifica sensum meum; dimitte peccata mea, salva me in tua gloria, qui es benedictus in sæcula.

Lectio XII.—Postquam oravit gloriosa virgo Christi Regina, miserunt illam in vas illud aqua plenum; et ecce terræmotus factus est magnus et columba de cœlo descendit habens in ore suo coronam; et dirupta sunt vincula beatæ Reginæ, et ascendit de aqua laudans et benedicens Deum et ait : Dominus regnavit, decorem induit; induisti me, domine Jesu Christe; honorificasti me et glorificasti, salvasti et adjuvisti me et defendisti; misertus es unicæ puellæ, qui es Unigenitus ante sæcula sæculorum. Et facta est vox columbæ ad eam dicens : Veni, Regina, in requiem in tabernacula Christi; beata es quæ coronam hanc vidisti et gloriam æternam audisti. Tunc crediderunt in dominum Jesum animæ octoginta quinque virorum et mulierum. Tunc ira commotus Olibrius edixit ut ducerent eam et decollaretur. Et educta est extra civitatem ad decollandum. Spiculator autem extrahens gladium dixit ei : Extende collum et excipe ferrum. Beata autem Regina impetravit a carnificibus horam ut valediceret fratribus et sororibus; et respiciens in multitudinem populi de civitate: fratres, ait, mei et sorores et consortes juvenculæ, omnes vos rogo per Dominum regem cœlorum ut memoriam faciatis animæ meæ, ut sine timore transeam principatus et potestates; et per dominum nostrum Jesum Christum vos rogo, deprecamini pro me peccatrice et commendate me Domino regi. Et ego tametsi peccatrix obsecrabo pro vobis dominum, ut det vobis Deus gloriam et spem æternam; ut hæredes effici possitis gloriæ ejus. Complaceant Domino petitiones cordis vestri; illuminet vos illuminatione vultus sui; perducat vos ad perfectionem; det vobis cursum consummare sine confusione. Ego ipsa jam gratias ago regi sæculorum, qui dignam me habuit in hac sorte sanctorum suorum et omnium electorum. Laudo et glorifico illum; ipsum enim decet honor, potestas et magnificentia et laudatio in concilio justorum, quia glorificatum est nomen ejus et nunc et in sæcula sæculorum. Et post orationem amputatum est caput ejus. Crediturque probabiliter pro invicta Dei confessione feliciter suo sanguine baptizata. Et ecce angeli omnibus videntibus tulerunt animam ejus in cœlum laudantes et glorificantes Deum, qui est mirabilis in sanctis suis. Omnia in veritate peregit in nomine Domini beata Regina septimo idus septembris. Celebrantes ergo ejus commemorationem, estote memores Theophyli qui ei ministravit in carcere et vicit dæmones suis orationibus, præstante domino nostro Jesu Christo, cui est honor et gloria in sæcula sæculorum. Amen.

II

Comme le premier, le second extrait provient de la bibliothèque des Bollandistes, *Recueil,* loc. cit., p. 503.

Le texte diffère du précédent. Mais les variantes qu'il renferme ne sont pas assez importantes pour que nous le transcrivions dans toute son étendue.

Aussi nous contenterons-nous d'en donner les premières lignes auxquelles nous ajouterons l'oraison finale.

Vita S. Reginæ virginis et martyris ex pervetusto Breviario
Flaviniacensi manuscripto deprompta.

Regina fuit cujusdam Clementis pagani filia unica, quæ (matre paucis post ejus ortum diebus defuncta), tradita est infantula foris cuidam christiane ad educandum, non longe de Allesia civitate. Pater autem oderat filiam quam alterius religionis esse deprehenderat; sed ipsa dilecta erat Domino nostro Jesu Christo, qui gratum sibi habitaculum in ea præparabat ad martyrium. Nam cum esset annorum quindecim, et spatiaretur in suæ nutricis habitaculis, omnium sanctorum martyrum certamina, quæ jam tunc plurima vulgo ferebantur, attentius audiebat, etc. ....
....
ORATIO. — Omnipotens sempiterne Deus, qui nos beatæ Reginæ virginis et martyris tuæ confessione inclita circumdas et protegis, præsta nobis ejus imitatione proficere, et oratione fulciri, ut ipsius semper adjuvemur meritis, cujus beatitudinis irradiamur exemplis. Per Dom.

Autun. — Imp. Dejussieu.

DU MÊME AUTEUR

Sainte Reine à Grignon, Dijon, J. Marchand, 1877; brochure de
40 pages in-12 *(épuisée).*

*La Vie de sainte Reine d'Alise, précédée d'études critiques sur
ses actes et ses historiens, et suivie de nombreuses recherches sur
ses reliques, ses miracles et son culte,* édition enrichie de pièces
justificatives rares ou inédites, et ornée de plusieurs gravures. Paris,
A. Picard; Dijon, H. Grigne, 1881 ; in-8° de XVI-506 pages.

*Notitia chronologica de exordiis cum veteris abbatiæ Sancti Petri
Flaviniacensis... tum ejus prioratuum, etc.* Brunæ, typis Rudolphi
M. Rohrer, 1881, 21 pages in-8°. (Extrait de la revue allemande inti-
tulée: *Die wissenschaftliche studiens aus dem Benedictiner-Orden.*)

*Note sur une divinité gauloise et un amulette chrétien décou-
verts à Lantilly, près de Semur-en-Auxois (Côte-d'Or).* Autun,
Dejussieu père et fils, 1881, in-8° de 24 pages. (Extrait des *Mémoires
de la Société Éduenne,* nouvelle série, tome X.)

Nomination d'un curé sous l'ancien régime [1736-1737]. Autun,
Dejussieu père et fils, 1884, in-8° de 15 pages. Extrait des *Mémoires
de la Société Éduenne,* nouvelle série, tome XII.

www.ingramcontent.com/pod-product-compliance
Ingram Content Group UK Ltd.
Pitfield, Milton Keynes, MK11 3LW, UK
UKHW020935120726
13693UKWH00003B/1339